JN298678

The Dynamics of Industrial Capitalism

Schumpeter, Chandler, and the New Economy

Richard N. Langlois

リチャード N. ラングロワ

谷口和弘=訳

消えゆく手

株式会社と資本主義のダイナミクス

慶應義塾大学出版会

The Dynamics of Industrial Capitalism:
Schumpeter, Chandler, and the New Economy
by Richard N. Langlois
published by Routledge, New York.

This is the authorised translation from the English language edition published by Routledge, a member of the Taylor & Francis Group.
This translation is published by arrangement with Routledge through The English Agency (Japan) Ltd.

Copyright © 2007 Richard N. Langlois
All Rights Reserved.

ラズロ・ショントシュ，デビッド・ドゥノー，
　　ヨン・ヴィラスーソにささげる

謝　辞

　私は，2004年のグラーツ・シュンペーター講義（Graz Schumpeter Lectures）に招かれ，グラーツでの滞在に際して行き届いた歓待をうけたが，この点でグラーツ・シュンペーター学会（Graz Schumpeter Society），とりわけステファン・ボーム（Stephan Böhm），ハインツ・クルツ（Heinz Kurz），クリスチャン・ガーク（Christian Gehrke）の諸氏にたいして心よりお礼を申し上げたい．

　本書に結実することになった仕事にたいして，長年にわたって数多くの方々がコメント，示唆を与えることをつうじて貢献して下さった．とりわけ感謝を述べておきたいのは，ステファン・ボーム，ロブ・ブラッドリー（Rob Bradley），ルー・ケイン（Lou Cain），フレッド・カーステンセン（Fred Carstensen），ラズロ・ショントシュ（László Csontos），エドワード・コンスタント（Edward Constant），レナード・ダドリー（Leonard Dudley），アレキサンダー・フィールド（Alexander Field），ニコライ・フォス（Nicholai Foss），マーク・フルーエン（Mark Fruin），ラグー・ガルード（Raghu Garud），ジャンポーロ・ガッツァレリ（Giampaolo Garzarelli），ジェフリー・グレイ（Jeffrey Gray），マイケル・ジャコビーデス（Michael Jacobides），デレク・ジョンソン（Derek Johnson），マーティン・ケニー（Martin Kenney），ソービョン・クヌーセン（Thorbjørn Knudsen），ロジャー・カプル（Roger Koppl），ナオミ・ラモロウ（Naomi Lamoreaux），ケネス・リパティート（Kenneth Lipartito），リチャード・ネルソン（Richard Nelson），キース・パビット（Keith Pavitt），ダニエル・ラフ（Daniel Raff），グレッグ・リチャーズ（Greg Richards），ジョージ・リチャードソン

(George Richardson), ポール・ロバートソン (Paul Robertson), ティモシー・スタージョン (Timothy Sturgeon), スコット・ウォレス (Scott Wallace) の諸氏にたいしてである.

第2章の一部は, *Advances in Austrian Economics*, Vol.6, [2003], pp.287-302.に発表された. 第3章の一部は, *Industrial and Corporate Change*, Vol.7, [1998], pp.195-214., Gunnar Eliasson and Christopher Green with Charles McCann, eds., [1998], *Microfoundations of Economic Growth: A Schumpeterian Perspective*. Ann Arbor: University of Michigan Press, pp.57-82.に発表された. 第4章, 第5章の一部は, *Industrial and Corporate Change*, Vol.12, [2003], pp.351-385., *Enterprise and Society*, Vol.5, [2004], pp.355-375.に発表された.

さらに私は, 図2の再掲載を許可して下さったW. W.ノートン (W. W. Norton and Company) にたいして感謝の言葉を記しておきたい.

日本語版への序文

　私は，本書の日本語版を発表する機会を得たことを喜ばしく思うと同時に，光栄だとも感じている．産業構造をめぐって展開されてきたさまざまな議論は本書の中核をなすが，そうした議論において，日本の産業組織はつねに際立った役割を演じ続けてきたといえよう．ジョゼフ・シュンペーター（Joseph Schumpeter）は，日本とその20世紀初頭における急速な産業化にたいして敬意を払った賞賛者の1人とみなされ，1931年に来日した折には高い評価をうけた（McCraw［2007］, pp.197-199）．他方，アルフレッド・チャンドラー（Alfred Chandler）は存命中，20世紀後半にアメリカの会社が確立した優位性に対処すべく，日本の会社が挑戦していく様子を観察してきたが，この点こそ，彼が晩年の仕事，とりわけ *Scale and Scope* ［1990］（『規模と範囲』）[†]，*Inventing the Electronic Century* ［2001］（『エレクトロニクス時代の発明』）で扱っていた課題にほかならない．残念なことに，チャンドラーは2007年5月9日，享年88歳でこの世を去った．

　読者はまもなく理解することになろうが，消えゆく手（vanishing hand）仮説こそ，本書の中心課題にほかならない．チャンドラーがピューリッツァー賞の栄誉に輝いた著作 *The Visible Hand* ［1977］（『みえる手』）のなかで論じたように，19世紀後半のアメリカにおける高スループット型生産の出現とともに，生産のコーディネーションは，市場のみえざる手から大規模垂直統合型企業の専門経営者のみえる手へとうつっていった．ここで私が論じるのは，市場が厚みを増し，その能力を高めていくにつれ，かつては複数

[†]　［訳注］以下，この日本語版では，原書の主題をそのまま日本語に訳したものを採用しているため，それが既存の訳書の主題と一致しているとは限らない．

単位型‡⁾大企業（川上から川下にいたるバリュー・チェーンを構成している活動を複数担っている大企業）内でコーディネートされてきた諸機能の多くが，あらためて20世紀末に，市場をつうじてコーディネートされるようになったということである．この解釈に依拠するならば，シュンペーター，チャンドラーが分析対象として取り上げ，賞賛してやまなかった，専門経営者が運営する大企業は，産業組織の歴史における1つの通過点にすぎなかったということになる．こうした大企業がさまざまな組織の織り成す個体群に占める割合は，減少の一途をたどってきたのであり，それらがかつてコーディネートしてきた諸機能は，法的に区別されたより専門的な主体へと，ますます委ねられるようになった．

このような消えゆく手という現象とその解釈についてはともに，本書の英語版が2007年に発表されて以来，活発な論争点とみなされ続けてきた (Dosi et al.[2008]; Langlois [2008]; Lazonick [2008]; Helper and Sako [2010])．こうした議論のなかから，一種の通念が創発したように思われる．その議論によれば，20世紀後半，21世紀初頭のニュー・エコノミーにおいて実際に垂直分解が広範に確認されるようになったため，組織経済学者はこの言葉を理解するようになった，といっても過言ではない．だがみえる手についていえば，チャンドラーは今もなお正しい．というのも，垂直分解型企業間の供給関係ですら経営コーディネーションを必要としており，とくにこのことはシステム統合の段階にあてはまるからである．以下のくだりをみてみよう．

---

‡) ［訳注］著者によれば，"multi-unit" は "articulated" とほぼ同義であり，たとえば調達から製造をへてマーケティングにいたるような垂直段階——より一般的にはバリュー・チェーン——を構成する活動（アクティビティ）の複数性を含意する．いずれも複数の生産段階が垂直的に統合された状態を表すことをふまえ，それぞれ順に「複数単位型」「垂直統合型（ないし『統合型』『統合された』）」と訳出する．さらに著者は，"multi-divisional" は特定の組織化の仕方，すなわちM型（事業部制）と呼ばれる組織形態を表し，垂直統合に関わりをもつ "multi-unit" とは区別される，という注意を喚起した．著者は，チャンドラーは1962年の著作では前者，1977年の著作では後者をそれぞれ主に取り上げ，本書の議論は後者に焦点をあてたものである，と述べた．

1つの中心的な傾向として，経営の緩衝・コーディネーション機能がモジュール化のメカニズム，市場——情報分割，フレキシビリティ，リスク分散——に委ねられつつある，と論じる論者もいる（Langlois［2003］, p.377）．対照的にチャンドラーの世界では，「マス・マーケットが求める産出物の数量を実現しようというのであれば，ほぼ当然のことながら，特化が進展することにより，きわめて注意深く計画されたコーディネーションが必要とならざるをえない」（Chandler［1977］, p.490）．だが，設定された諸仮定については，あいにく意見の一致をみていない．つまりラングロワは，市場の厚みは外生的に与えられる，もしくはすでに確立している，という仮定をおくのにたいして，チャンドラーは，マス・マーケットは発展していかねばならないものだ，という仮定をおく．ここでは，チャンドラーのほうがより適切だと思われる． （Helper and Sako［2010］, p.420）

 こう述べたスーザン・ヘルパー（Susan Helper）と酒向真理は，デル（Dell）の事例を用いている．Baldwin and Clark［2006］が主張するように，この企業は，古典的というべきチャンドラー的企業とは正反対の仕方で競争優位を確立した．デルは，複数単位型大企業内の経営によって市場を代替したのではなく，市場のレバレッジ化を試みたのだった．すなわち，生産システムのボトルネックとなっている部分に自社の活動を限定することで，その企業境界の外部に存在するさまざまなサプライヤーのケイパビリティを活用できた．しかし，にもかかわらず，デルは，さまざまな生産段階の流れのオーケストレーション，自社とサプライヤーのITネットワークの統合を企てることにより，サプライヤーにたいするコーディネーションを実行していた，とヘルパーと酒向は主張する．つまり，垂直統合度が低くなっているにもかかわらず，「チャンドラー的」な経営コーディネーションは確認されるのだ，と[1]．
 私見によれば，チャンドラーは，垂直統合という要素より，経営コーディネーションという要素のほうに大きな関心を向けていたように思われる．だ

が本書で論じるように，きまって彼は，これら2つの要素を融合してとらえており，一方の要素の議論を他方の要素の議論として用いていたこともまた事実である．たとえば前述のくだりにおいて，チャンドラーは，経営コーディネーションは規模・範囲の経済を実現するのに必要だ，と主張していたが，こうした彼の主張は，(A) 真ではない，(B) ヘルパーと酒向が提示する経営コーディネーションの動因についての主張とはかなり異なる，ということになるだろう．

この問題は，部分的には Coase［1937］の遺産とみなされるものであって，企業と市場を明確に区分する，という周到さを欠いた二分法に由来していよう．デルが「フットプリント（PCの占めるスペース）の縮小戦略」(Baldwin and Clark［2006］) において意識的コーディネーションを採用したというのは，この組織配置が広い——不毛でない——意味での「市場」たりえないことを意味しない．しかし，デルとその一群のサプライヤーは，全体としてチャンドラー的企業を形成しているわけではないのであって，この点は，デル自体がオペレーションを重ねていくにつれ，チャンドラー的企業のいくつかの特性を獲得するようになりうる，というヘルパーと酒向の示唆があるとしても，依然として成り立つことなのだろう．Gilson, Sabel, and Scott［2009］がニュー・エコノミーの組織配置を注意深く吟味することで見出したのは，「イノベーション・プロセスに特有の不確実性に対処しうる，明示的・暗黙的な条項を織り混ぜることにより，企業間のコラボレーションがくり返されるための支援を提供するような契約形態の存在」(p.435) にほかならない．ニュー・エコノミーは，高度に組織化されているといえるかもしれない．しかし，基本的には契約に依拠しているとみなされ，複数単位型の大規模なチャンドラー的企業とは異なった仕方を採用している．

読者は，まもなく確認するであろうが，実際に私自身，「市場の厚みは外

---

1) この点については，Fields［2004］も参照．そこでは，グスタバス・スウィフト (Gustavus Swift) が19世紀に設立した代表的なチャンドラー的企業とデルとの比較がなされ，これらはいずれも経営コーディネーションのネットワークとみなされている．

生的に与えられる，もしくはすでに確立している」という主張を展開したつもりはない．事実，私が諸手を挙げて賛成するとしたら，一貫して市場は——最終的には企業家によって——創造されなければならない制度であることにかわりはなく，われわれが市場と呼ぶ制度を創造する際に一定の役割をはたすのは，デルのような大企業だということが実際にはよくある，という見解にたいしてである．ブライアン・ローズビー（Brian Loasby）がわれわれに気づかせてくれたように，企業，市場は双方ともに「知識の成長を促すための構造であり，意識的組織を必要としている点では何らかわりがない」（Loasby［1990］, p.120）のである．だが同時にヘルパーと酒向は，市場の範囲は実際には企業家にとって外生的で与件になっていることがよくある，という重要な事実，すなわち市場の範囲はしばしば無関連と思われがちなさまざまな分野において，他の一連の企業家による意識的コーディネーションが行われることで経時的な成長を遂げてきた，という重要な事実を見落しているように思われる．だがそれは，本書で展開する議論にとって決定的な意味をもつ論点にほかならない．19世紀にグスタバス・スウィフトは，自分が扱っていた製品を顧客に届けるために，鉄道車両，倉庫，製氷設備，小売店への統合を進めていかなければならなかった．さらに，冷蔵貨車を用いた鉄道輸送の市場を「創造」する必要もあった．だがマイケル・デル（Michael Dell）は，フェデックス（FedEx），UPSといった既存の貨物輸送業者に依存することができただろうし，彼が担った「市場創造」のほとんどは，（部品を供給していた外部のサプライヤーとのあいだで行っていたのと同様に）外部の貨物輸送業者と自社のあいだでロジスティクス・システムのコーディネーションを行うことだったのである．ヘルパーと酒向が結論づけているように，彼女たちが提示した証拠が示唆するのは，「垂直統合の盛衰は，会社のニーズと供給市場で入手できるものとのあいだに生じた不均衡への反応として適切に解釈できる」（Helper and Sako［2010］, p.422）ということなのである．この結論は，私自身の議論と矛盾しているどころか，以前，私がポール・ロバートソン（Paul Robertson）と行った共同研究の成果（Langlois and

Robertson［1995］) の1本の支柱となっている見解を実にうまく特徴づけており，私見を適切に確証している．

　本序文を結ぶにあたって，本書の日本語版の出版を引き受けて下さった慶應義塾大学出版会，そして翻訳の仕事を真摯に忍耐強く進めて下さった私の友人である谷口和弘教授にたいして心よりお礼を申し上げたい．

2010年5月
コネチカットにて
リチャード・ラングロワ

目　次

謝辞 v
日本語版への序文 vii

第1章　合理化の進展 3

第2章　企業家の陳腐化 39

第3章　個人資本主義 63

第4章　株式会社の勃興 101

第5章　企業家の復権 129

訳者あとがき 157
参考文献 169
索　引 185

凡例

1　人名・企業名その他固有名詞は，原則として各国語の原音に近い表記とした．ただし，すでに定着した表記があるものについては，それに従った．
2　書誌の邦名は訳者による翻訳であり，必ずしも邦訳書名に従っていない．邦訳書が刊行されているものについては，巻末の参考文献に掲載した．
3　脚注のうち，訳者によるものは†，‡を付した．また，本文中に訳者が補足説明を入れた場合には，その旨を明記した．
4　原著に見られる明らかな誤りについては，とくに注記せずに修正した．
5　本文に関する「参考文献」とは別に，「「日本語版への序文」および「訳者あとがき」に関する参考文献」を設けた．原著刊行後の文献と原著の補足的文献が主で，読者の便宜を考慮したためである．

消えゆく手
株式会社と資本主義のダイナミクス

The Dynamics of Industrial Capitalism
Schumpeter, Chandler, and the New Economy

第1章　合理化の進展

株式会社の発見

　アドルフ・バーリ（Adolf Berle）とガーディナー・ミーンズ（Gardiner Means）は，1930年代初期にある興味深い事実を発見した．誰も注目していなかったことなのだが，アメリカ経済は，所有者経営型中小企業を軸としては機能しなくなった代わりに，その支配的な地位を大規模株式会社が占めるようになっていた[1]（Berle and Means [1932]）．驚くべきことにバーリとミーンズは，株式会社の経営は株式の所有者ではなく，専門的な俸給経営者によってますます行われるようになっていたということに気づいたのである．彼らは，こうした発見にもとづいて，株式会社の規律づけをもはや市場に委ねることができないばかりか，経営者が自己利益のために株主からの「収奪」を図りかねない，という結論を導いた．それからほどなくして，株式会社にたいするポピュリスト的な2つの深刻な不安――権力の集中にたいする不安，所有と経営[†]の分離にたいする不安――があおり立てられたの

---

[1]　実際ソースタイン・ヴェブレン（Thorstein Veblen）は，この事実を認識していたが，彼の関心は，それとは異なる分離――金銭的活動と産業・技術的活動の分離――に向けられていた．ヴェブレンによれば，金融家が金銭の獲得にたいして抱く関心は，技術進歩，産業企業の健全な運営とは相反するものとみなされた．バーリとミーンズの仕事は，こうしたヴェブレンの見解を発展させたものとしてとらえられよう（Rutherford [2001]）．

だった．バーリとミーンズは，一見すると不穏な兆候を示唆する統計を用意してはいたが，あいにく制度としての株式会社の分析を試みなかった．株式会社の理論的根拠・ロジック・原動力は，それぞれどのようなものだったのだろうか．株式会社は，経済プロセスにおいてどのような役割をはたしてきたのだろうか．新古典派経済学の諸学説は，これらの問題を説明するうえでほとんど役に立たなかった．それらはバーリとミーンズと同様，所有者経営型中小企業という仮定を規範的な標準として採用することから着手したため，やはり彼らと同様，株式会社が集中，収奪という暗い影をおとしかねないという可能性を白日の下にさらした[2]．概して1930年代という大恐慌の10年は，実際に大規模株式会社がイデオロギーとして最低の地位に陥っていた時期だった．だが大規模株式会社は，どの時代においても好意的な論調で崇めたてられるような制度ではなかった．

---

†）［訳注］"control" にかんして，もちろん「支配」という訳語も適切だと考えられるだろう．バーリとミーンズを含め一般的に，支配は経営者の選任・解任にかんする権限を意味すると解釈されてきたようである．しかし著者は，日常的な運営・オペレーションのコントロール，すなわち「経営」と訳出するよう，訳者にたいして注意深く示唆した．したがって訳語としては，文脈に依存する形で「コントロール」「経営」を採用したい．

2) 主流派の産業組織論は，いまだに1930年代とほとんど変わらない静学的な仕方で，集中の問題を扱っている．しかし現代の理論は，所有と経営の分離という問題にかんして，株式会社形態を力強い説得力をこめて擁護してきた（Jensen and Meckling [1976]）．その主張によれば，たしかに所有と経営の分離によって費用が生じてしまうのだが，現在ではエージェンシー費用と呼ばれるこの費用は，経営者が所有者とは異なる目標を追求することによって生じる．だが実際，このような費用は，株式市場（株主は退出をつうじて現行の経営にたいする不満を表明する），経営能力の市場（誠実な経営者に報酬をもたらす一方，不適切な経営者に制裁を加える），取締役会，コーポレート・コントロールの市場（テイクオーバーの脅威）などのさまざまな仕組によって軽減される．だがもっと印象的な観察事実なのだが，バーリとミーンズは，所有と経営の分離によって生じる便益を無視していた．これら2つの機能のアンバンドリング（分解）によって，経営とリスク負担にかんする効率的な特化が実現できるようになった．これらのなかでも第1の経営の特化は，本書において1つの重要な研究課題となっている．第2の所有の特化は，経営に関心のない多数の潜在的な投資家の資金を集めることにより，資本コストの劇的な減少をもたらした．さらに，すべての投資家にとってポートフォリオ分散を容易にすることにより，リスクの軽減をもたらした．

しかし，株式会社の擁護者が全然いなかったわけではない．おそらく最も重要な擁護者として，ジョゼフ・シュンペーターの名を挙げることができよう．彼はウィーンを経由してハーバード大学にやってきた経済学者で，その著作 *Capitalism, Socialism, and Democracy*（『資本主義，社会主義，民主主義』）の初版は，バーリとミーンズの仕事からおよそ 10 年後に発表された．シュンペーターにはわかっていたが，経済史を真摯に考察すれば，大企業の発展によって生産量の独占的な制限，株式会社による収奪がもたらされた，という結論をただちに導くことはできないのである．実は，それとは正反対のことがおきていた．

> さらに詳細に立ち入り，最も際立った形で進歩した個々の項目を吟味してみると，自由な競争条件の下で機能している企業ではなく，大企業──農機のケースと同様，競争部門におけるほとんどの進歩を生み出してきた主体──という存在に逢着することになろう．そしてビッグ・ビジネスは，（現代的な）生活水準を低下させるどころか，その改善に大きく関係しているのではないか，という意表をついた疑問が浮かび上がってくる．
> (Schumpeter [1950/1976], p.82)

バーリとミーンズが不安材料とみなした株式会社の権力は，シュンペーターの目には資本主義的成長の原動力としてうつった．大企業間の競争は，権力なき多数の中小企業間の穏やかな競争とは異なっているし，それと同じであってはならないだろう．というのは，「教科書が描く姿とは区別される資本主義の現実において」，成長に関わる重要な問題は，

> 新商品，新技術，新しい供給源，新しい組織形態（たとえば，最大規模の経営単位）をめぐる競争だからである．こうした競争は，費用・品質の面で決定的な優位性を求める．そして，既存企業の利潤・生産量に限界的な影響を及ぼすだけでは事足りず，企業自体の基盤・存続を根本的にゆる

がす.このタイプの競争は,ドアをこじ開けるより爆撃のほうがかなり有効であるのと同じく,他のタイプの競争と比べてかなり有効なのである.そして,普通の意味での競争は迅速に働くかどうか,という問題が相対的に大きな意味をもたなくなってしまうことも重要である.いずれにせよ,長期的に生産量を拡大し,価格を引き下げるための強力なテコは,別の材料によってつくられている. (Schumpeter [1950/1976], p.83)

資本家が利用できる兵器庫のなかで,組織――なかんずく大規模組織――がもつ重要性に注意せねばならない.

　シュンペーターは,大規模株式会社とその歴史的な役割にかんして刺激的なビジョンを提示した.だが,過去に足がかりを求めたにもかかわらず,実際には歴史をほぼ欠いていたといってよい.この非難は,アルフレッド・チャンドラーには一切あてはまらない.チャンドラーは,現代経営史の重鎮にほかならず,実際,経済史の仕事に真摯に取り組んできた人物である.彼が目にしたのはシュンペーターの株式会社像にほかならず,バーリとミーンズ,もしくは新古典派経済学者の株式会社像ではない.

　チャンドラーは,40年以上にもわたって次々と発表してきた一連の主要研究において,株式会社にかんする独特で有力なビジョンを提示した.このビジョンは,民衆史だけでなく専門家が扱う歴史の世界でも長いあいだ影響力を有してきた,泥棒貴族的な見解とは相反するものだった.彼は,ピューリッツァー賞の栄誉に輝いた著作 *The Visible Hand* [1977],これに続いて *Scale and Scope* [1990] という著作を発表した.これらは,第2次世界大戦の前後にわたる株式会社の「全般的な歴史」を提示した大作である.しかし,百科事典のように細部に立ち入っていたにもかかわらず,彼が掲げた目的は十分に納得のいくものであり,けっして好古趣味とみなされるものではない.1990年の著作の副題 *The Dynamics of Industrial Capitalism*(「産業資本主義のダイナミクス」)が示唆するように,彼は現代株式会社の本質を浮き彫りにするとともに,それが経済成長の面ではたしてきた役割の解明に向

けて努力した．彼は，以下のように記している．すなわち「本書では，株式会社——世界の三大産業国家の経済成長に最も寄与した企業——の全般的な歴史を扱うが，こうした企業は，1880年代以降の資本主義経済の変化につながる根本的な原動力・推進力を提供してきた」(Chandler [1990], p.4：傍点著者)．

　実際，シュンペーター・チャンドラー命題（私はこう呼びたい）には，2つの挑戦的な主張が埋め込まれていることに注意しよう．組織形態としての大規模株式会社は経済成長の原動力だ，という特殊な主張の背後には，いかなる組織変化も経済成長をもたらす重要な要因となりうる，という一般的な含意が隠れているのである．

　もちろん，広義の組織変化が経済成長の決定的な兆候であるばかりか，おそらくその一因ですらもある，という知見は長いあいだ経済思想の中心的な地位を占めてきた．アダム・スミス（Adam Smith）を源流とする見解が焦点をあてていたのは，個人によるレント・シーキングを，既存の富の再分配ではなく新しい富の生産へと向けさせるような，市民社会における背景的な制度にほかならない．ノーベル経済学賞の栄誉に浴したダグラス・ノース（Douglass North）をはじめとした現代経済学者と同様，スミスにとっても，私的財産権の設定・保護を適切に実行するシステム（North [1990]）は，高度な経済成長を持続するための基礎をなす[3]．スミスによれば，こうした制度は，所与の資源の効率的な配分からではなく，組織の変化・イノベーションにたいしてもつ寛容度から，便益を生み出しているのである．制度は，経済成長の究極的な原動力かもしれないが，組織変化こそ経済成長の直接的な原因にほかならない．スミスが *The Wealth of Nations* [1776/1976]（『諸国民の富』）の冒頭で述べたように，「労働の生産力における最大の改善」は，不断の分業によってもたらされる（Smith [1976], I.i.1）．市場規模の拡大

---

[3] スミスは，諸制度からなるこのシステムを「明白で単純な自然的自由のシステム」（Smith [1976], IV.ix, p.51）と呼んだが，われわれの現代的な視点からすると，それは明白でも，単純でも，ましてや「自然」ですらない．

によって，タスク，道具にかんする労働の特化が経済的に行えるようになり，ひいては生産性が高まることになろう．――そして，生産性こそ諸国民の実質的な富にほかならない[4]．その結果として生じた1人あたり生産量の増大に由来する便益は，消費者の手にいきわたるため，市場規模がさらに拡大することになり，追加的な分業がもたらされる．――その他さまざまな物事が，組織の変化・学習といった自己強化的なプロセスをつうじて生じることになろう（Young [1928], Richardson [1975]）．

組織変化にたいするスミスの関心は，きわめて高い抽象度にとどまっている．つまり彼は，特化が単一企業の境界内で生じるのか，複数企業のあいだで進展していくのかについては，関心がないようにみえる．あくまでも，個々の取引・職業の観点から分業を考察しているようである[5]．しかし，職業間のコーディネーションはどのように行われるのだろうか．スミスは，自然なコーディネーション・プロセスの可能性・望ましさ，集権型プロセスの限界・傲慢さを研究課題の1つとして取り上げているので，分業は主に市場，市場志向型配置をつうじて組織化される，と予見していたようにみうけられる．

アルフレッド・マーシャル（Alfred Marshall）はスミスと同様，組織変化が成長を補う，という見解を示していた．マーシャルによれば，「労働・資本の増大は，一般的に組織の改善をもたらし，ひいては機能面で労働・資本の効率性を高めることになる」（Marshall [1961], IV.xiii.2）．彼は，スミスの時代から1世紀以上もの時間が経過した後でこう記したのだが，チャンド

---

[4] 分業が生産性を高める理由をわかりやすく説明している研究としては，Leijonhufvud [1986] を参照．

[5] スミスは，以下のように論じている．すなわち，「すべての文明社会において，一般的に農家は農家以外の何者でもないし，製造業者も製造業者以外の何者でもない．あらゆる完成品の生産に不可欠な労働も，ほぼつねに多くの人手のあいだで分割されている．亜麻・羊毛の生産者から，リネン（亜麻布）の漂布業者・加工業者，さらには服地の染色業者・仕上業者にいたるまで，リネン製造業・毛織物業の各部門にはどれだけ多くの職業が存在していることだろうか」（Smith [1976], I.i.4）．

ラーが描こうとしていた組織革命の夜明けを目にする機会にめぐまれた[6]．そして，*Principles of Economics*［1890/1961］（『経済学原理』），*Industry and Trade*［1919］（『産業と貿易』）という2つの著作において，現実世界の組織形態にかんするきわめて詳細な検討・分類を試みた．しかしマーシャルは，大規模株式会社を組織イノベーションの最高形態とはみなさなかった．それどころか，正反対の立場をとった．彼は，とくに製造業において大規模生産が優位性をもつ，と考えていたが，やがて大企業は成熟したあげく，新興の中小企業に取って代わられてしまう，といった組織成長のライフサイクル・モデルを支持した．そしてよく知られているように，こうしたプロセスを森の生態系になぞらえた（Marshall［1961］, IV.xiii.1）．

だがもちろん，経済学者が経済成長の問題に取り組むようになったきっかけは，スミス，マーシャルによって与えられたわけではない．この点で絶大な影響力を及ぼしたのは，デビッド・リカード（David Ricardo）である．リカードは，諸国民の富の性質・原因にかんして基本的にはスミスの立場に同意していたものの，スミスとは異なる問題関心を抱いていた．彼が理解しようとしたのは，当時の社会経済的な3つの階級——土地，労働，資本それぞれを人格化した，地主，労働者，資本家——のあいだでどのように生産の収穫が分配されるか，だった．リカードは，きわめて適切な理由で組織・制度の細部を捨象し，資本，労働，土地といった集計変数間の関係をフォーマルな仕方で検討した．19世紀のほとんどの経済学者は，分業を論じるのに数ページ程度の紙幅しかさかなかったスミスにたいして，一応の敬意を表してはいたものの，古典派経済学のアプローチを確立したリカードに追従したのだった．1871年以降，古典派の理論構造は，今日では限界革命として知

---

6) たしかにスミスは，当時の大規模株式会社，すなわち東インド会社（East India Company）のように政府の支援をうけた株式会社の存在を認識していた．だが，こうした人工的な装置は新しい交換領域に商業的な足がかりを確立するうえで有用かもしれないが，自由参入の体制下では長きにわたって存続しうるものではない，と考えていた（Smith［1976］, V.i.119）．

られる攻撃にさらされた．しかしながら，その後に誕生した「新古典派」経済学は，実はいくつかの重要な点でリカードの転回を精緻化し，補強することに貢献した．事実上，限界革命の旗手たちは，リカードが生産に適用した「限界」のロジックをそのまま消費にも適用することにより，古典派が首尾よくなしえなかった理論——需要・供給の統合理論——の実現にこぎつけた．だが，この過程で経済学者の関心を，経済成長という現象から遠ざけてしまい，その代わりに既知・所与の資源の最適配分を扱う数学へと向けさせた[7]．かのマーシャルでさえ，この流れに逆らうことができなかった．

　戦後の「新古典派」成長論はこの伝統を継承し，リカードが実質的に暗示していた形式主義——集計的生産関数——を採用した．集計的生産関数は，そのなかに経済全体の資本・労働・他の生産要素（適切な定義・調節の対象となりうる生産要素）が放り込まれることで，経済全体としての生産量を生み出す．それは，あたかもソーセージ充填機のごとくに作用するのである．経済学者が第2次世界大戦後に学習したように，（少なくとも，因習的に測定される）資本・労働の増加だけで経済成長を説明しつくすことはできない（Abramovitz [1956]; Solow [1957]）．つまり，説明されない「残余」が存在することになり，それは一般的に，技術変化，教育（人的資本），「知識」といった同質化されてしまった概念とさまざまな関係をもつ．——だが当然のことながら，組織変化は，残余との関係を断ち切られ，原形をとどめないほど徹底的にすりつぶされ，資本，労働といったカテゴリーのどこかに割り当てられる要素に堕してしまうのである．

　しかし今日，主流派からはずれてはいるが，スミス，マーシャルが残した足跡をたどっている経済学者が少数ながらも存在する．なかでも一段と際立

---

[7]　ウィリアム・スタンレー・ジェボンズ（William Stanley Jevons）は，この問題を明確にとらえていた．彼によれば，「私にとっての経済学の問題は，以下のように述べられよう．——さまざまな生産のニーズ，生産力をもち，土地，その他の原材料の源泉を所有しているある人口を所与とすると，その人口にとって，生産物の効用を最大化するような労働者の雇用形態が必要になる，という問題にほかならない」（Jevons [1911], p.267）．

っているのが，リチャード・ネルソンである．彼はその共同研究者とともに，経済成長を研究する学徒にたいして，物理的技術の変化だけでなく，それと共進化している社会的技術にも注目せねばならない，という主張を投げかけてきた[8] (Nelson and Sampat [2001]; Metcalfe and Nelson [2006])．社会的技術とは，「物理的なエンジニアリングというより，人間のパターン化した相互作用」(Nelson and Sampat [2001], p.40) のことである．つまり，広義の人間組織を意味し，スミス，マーシャルのいう組織に対応する．要は，物事を実現するための人々の行動・配置の仕方である．したがって社会的技術のカテゴリーには，制度，狭義の組織，文化規範・慣行までもが含まれる．制度は，標準化した社会的技術である．さらに，標準化した組織形態――大規模株式会社に関連する組織形態――は，1つの特定の社会制度なのである[9]．この見解によると，経済成長は，同質的な諸要素――「技術的知識」のような要素をも含む――の蓄積というより，物理的技術と社会的技術の共進化をつうじて生じる．経済成長とは，すなわち複雑な構造の進化に関わる問題なのである (Langlois [2001])．

こう理解すれば，シュンペーター・チャンドラー命題は，1つの特定の社会的技術（もしくは，社会的技術の部分集合）――大規模株式会社――が経済成長の面ではたす役割に関連した主張とみなされる．（実は私のように）大規模株式会社にかんする特殊な主張を支持せず，組織は重要な意味をもつ，という一般的な主張を支持することもできる．ただし本書の課題は，前者の特殊な主張のほうを詳しく分析することに求められる．

現在から過去へとさかのぼっていく経済史家にしてみれば，シュンペー

---

8) ネルソンとその共同研究者は「社会的技術」という言葉を用いる際，カール・ポパー (Karl Popper) が *The Poverty of Historicism* [1957]（『歴史法則主義の貧困』）で採用したのと同じ用語法には依拠していないように思われる．ただし彼らは，社会制度の進化論的見解を共有している．

9) 「したがって，チャンドラーの M 型組織を制度と呼ぶことは，それと関わりをもつ企業経営の社会的技術に言及するうえで便利な仕方だとみなされる」(Nelson and Sampat [2001], p.41)．

ター・チャンドラー命題について，たしかに多くの状況証拠を入手できよう．大規模株式会社は，19世紀の最終四半期初頭に興隆をきわめた．当時は，まさにトラスト・泥棒貴族時代の只中だったということもあり，世論は，独占と関連づけられながら醸成されていたものである．だが，シュンペーターが指摘したように，独占，カルテルは，生産量の制限，価格の増加をもたらすとみなされていたにもかかわらず，実際に観察されたのは，生産量の劇的な増加，価格の減少，という事態だったのである（Schumpeter [1950/1976] の第7章を参照）．表1には，複数の主要部門の生産量に関連したデータが示されている．シュンペーターが主張したように，当時依然として小農に依存していた農業部門ですら，農機その他の補完部門に属した大規模株式会社による恩恵をうけていた（Schumpeter [1950/1976], p.82）．表2には，当時おそらく最も激しい非難にさらされたスタンダード・オイル（Standard Oil）という企業が支配していた石油産業のデータが示されている．この部門でも，価格は急激に減少した．ここでわれわれは，当時トラスト，カルテルが存在したのは事実だとしても，これらはたいてい副次的な問題にすぎなかった，という理解に逢着することになろう．経済史家マーガレット・リーベンスティーン（Margaret Levenstein）が主張するように，ほとんどの主要産業において大量生産はプール（すなわちカルテル）を打破したのだった（Levenstein [1995]）．つまり，大量生産の至上命題――したがって，価格の減少，生産量の増加に向けた要請――のため，効率的な企業には，カルテルからの逸脱を促す誘惑が生み出され，カルテルは重要な意味をなさなくなった．だが，単一の売手が特許により一定期間にわたって保護されていたアルミニウムのような産業ですら，それとほぼ同じ理由で価格は減少した．大量生産技術を採用していたアルコア（Alcoa）をみればわかるように，効率性の便益は，超競争的な価格形成の費用を大きく上回っていた[10]（Schumpeter [1950/1976], p.101）．総じて大規模株式会社の時代は，アメリカの1人あたり生産量にかんする離陸段階――持続的・集約的な現代経済成長の誕生――と一致していたのである[11]．

表1 19世紀後期アメリカにおける生産量の拡大

商　品	1860年 (100万)	1900年 (100万)	増加 (％)
無煙炭（米トン）	11	57.4	422
瀝青炭（米トン）	9	212.3	2,260
原油（バレル）	0.5	45.8	9,060
銑鉄（米トン）	0.9	15.4	1,600
粗鋼（英トン）	0.01	10.2	10,190
小麦（ブッシェル）	173.1	559.3	223
輸入小麦（ブッシェル）	4	102	2,700
とうもろこし（ブッシェル）	838.8	2662	217
綿（梱）	3.8	10.1	170

出所）U.S. Department of Commerce, *Historical Statistics of the United States*.

表2 名目ドルでみたバレル単位の価格　　　　　　　　　　　　　（ドル）

年	原油	精製費用	木樽	輸送費用	精製油
1865	6.50	0.30	2.50	4.59	24.67
1872	3.75	0.42	1.25	1.50	9.66
1884	0.83	0.46	1.25	0.55	3.36

出所）Stanley Lebergott [1984], *The Americans: An Economic Record*. New York: Norton, Table 25.2, p.334.
注）スタンダード・オイルの精製費用は 0.22 ドルだった。

　この状況証拠は，大規模株式会社こそ経済成長の停滞をまねいた収奪者なのだ，という見解を反証しているため，決定的に重要な意味をもつ．だがこ

---

10) シュンペーターが指摘するように，電力の出現によって新原料が経済的になったため，アルミニウム業界はまず潜在的な代替品と競争し，最初から市場を創造せねばならなかったが，こうした意味でいえば，アルコアですら技術的にみれば独占企業ではなかったのである．
11) アメリカの1人あたり GDP のトレンドについては，Johnston and Williamson [2002] を参照．もちろん大恐慌時代は例外なのであって，1929年から1936年にかけて1人あたり生産量の測定値は減少している．しかし経済史家──一般大衆ではないにもかかわらず──は，こうした生産量の減少について，「収奪を企てた」株式会社の仕業などではなく，FRB（Federal Reserve Bank：連邦準備銀行）によるマネー・サプライの失策がもたらした帰結だと理解している（Friedman and Schwartz [1963]; Eichengreen [1992]; Bernanke [1993]）.

れだけでは，大規模株式会社は経済成長にとって決定的に重要な意味をもっていた，と断じることはできない．また，大規模株式会社はつねに経済成長の原動力であり続ける，とはなおさら考えにくい．ある見解によれば，大規模株式会社の勃興は，ある特定の歴史的エピソードにまつわる一連の条件——南北戦争後のアメリカにおける人口増加，1人あたり所得の急激な増加とともに，鉄道・内陸水運網・電信の発達にともなう輸送・取引費用の劇的な減少——にたいする企業制度的な反応にすぎない．この見解——スミス・マーシャル説と呼びうる見解——において経済成長の原動力とみなされているのは，ある特殊な組織適応ではなく，一般的な組織適応にほかならない．だが別の見解によれば，経営者革命は，あらゆる形態の分権型所有・市場取引と比して，時間，場所を問わずつねに本質的にすぐれた制度構造の生成を意味するとみなされる．この見解によれば，経済成長にとって中心的な役割を現にはたしているだけでなく，今後もはたし続けるのは，株式会社をおいてほかにない．——しかも，株式会社以外にはありえない，といっても過言ではないだろう．

　もちろん歴史は，歴史法則主義者にとってけっして扱いやすいものではない．すなわち，シュンペーター・チャンドラー・モデルをそのまま現在に投影しようとした人々にとって，20世紀の最終四半期に生じたさまざまな事実は実に厄介な代物だった．例の組織革命は，バーリとミーンズによる非難にさらされたが，シュンペーター，チャンドラーによる賞賛をうけた．これと少なくとも同じくらい重要だが，これとはまったく異なる新しい革命が，20世紀後半から21世紀に突入してまもない現在にかけて生じたという事実は，かなり明白になってきた．この新しい革命の活力となっているのは，株式会社革命の解体である．われわれが目のあたりにしているのは，経営者によるコントロールが数多くの垂直段階にまで広く及ぶような複数単位型企業が優位性を持続しているのではなく，垂直特化——20世紀後半のハイテク企業と同じく伝統的産業にも大きな影響を及ぼしている徹底的な「脱垂直化（de-verticalization）」の動き——が劇的に増加している，という事実なので

ある[12]．この点で，株式会社という枠組のなかで行われる複数の生産段階の経営コーディネーションを意味するみえる手は，ぼんやりとした影のように姿を消しつつある．

シュンペーター，チャンドラーは，大規模株式会社の勃興を勝利主義[†)]にもとづいて説明していた．しかし，もはや勝利に結びつかない代物を勝利主義的に説明することに何の意味があるというのだろうか．この問題について依拠しうる知的な立場は限定されていよう．まず，こうした勝利主義的な説明はそもそも誤ったものとして棄却できる[13]．次に，現代の大規模株式会社は，かつてほど成功していないばかりか，かつての優位性すらも失ってしまった，という見解を否定することもできる[14]．そして最後に，これが最も興味深い立場なのだが，シュンペーター，チャンドラーによる知的貢献を，あくまでもその核心部分は生かしながら，専門的な俸給経営者が運営する[‡)]大企業の勃興・（相対的）衰退を説明できる大きな枠組のなかに位置づけてみる，という再解釈も可能である．この第3の立場は，知的な深みをもつ2人の際立った論者による数多くの洞察を生かせるばかりか，経済成長

---

12) 第5章では，この主張を裏づける証拠について論じよう．
†) ［訳注］特定の価値が他よりすぐれた絶対的なものだとする信念を意味している．
13) 論者のなかには，長いあいだこの立場を示唆してきた者がいる．たとえば，Sabel and Zeitlin [1985] を参照．
14) チャンドラー自身この立場に依拠してきた，という見方は完全に不当だとはいえないだろう．たとえば彼は，第2次世界大戦後のエレクトロニクス産業の勃興を説明する（Chandler [2001]）うえで，IBMのような大企業の貢献を強調するのに苦心している．そして，この産業の勃興は19世紀後半に生じた元来のチャンドラー的革命と，まったく同じとはいかないまでも，類似したものなのだ，という見解を与えている．チャンドラーが強調し損ねているのは，際立った現代の大企業——インテル（Intel），マイクロソフト（Microsoft）のような大企業——は，伝統的なチャンドラー的企業と比べて垂直統合度がかなり小さく，伝統的な産業地域によく似た厚みのある市場型ネットワークに埋め込まれているという事実にほかならない．IBMは，ニュー・エコノミーへの移行を試みた数少ない正真正銘のチャンドラー的企業の一例とみなされるが，この移行は，急速な脱垂直化を進めるとともに，特化型競合企業を模倣することによって実現した．エレクトロニクス産業の勃興をめぐる私見については，Langlois [2002a] を参照．
‡) ［訳注］著者によれば，"managerial" という言葉は，専門的な俸給経営者ないし専門経営者が運営するという特性をさす．

についてだけでなく組織の経済理論についても理解を深められるという点で，大きな強みをもっていよう．――こうした強みを実現するには，もちろんこの立場にもとづく知的営為を適切に実行せねばならない．

株式会社の説明

当然のことながら，まず所有者経営型中小企業と対照をなす歴史的・概念的な代替物である「大規模株式会社」を理解しなければならない．規模そのものに何らかの意味があるのはたしかであり，なかんずくシュンペーターはこの要素を重視する[15]．だが，規模ではなく「株式会社」という要素のほうが重要だと思われる．チャンドラーが *The Visible Hand* の最初のページで述べたように，経営者が運営する株式会社は，以下に示す2つの特徴をもつという点でその初期形態よりも際立つ．すなわち，(1) 所有者ではなく専門的な俸給経営者が統括している，(2) 複数単位・生産段階を有し，これらはそれぞれ原則的に独立した個別組織として機能しうる．実際，第2の特徴は本質的である．大規模株式会社では，さまざまな生産段階をコーディネートするための手段として経営が価格システムに取って代わる．

　　市場は依然として財・サービスにたいする需要を生み出すが，近代企業

---

[15] 実際にシュンペーターにとって，規模は市場支配力――「独占」――ほど重要な問題ではなかった．すなわち，「独占企業にとって利用可能なすぐれた方法が存在するが，それは多くの競争企業にとっては全然利用できないか，容易に利用できないものなのである．というのは，企業の競争水準でまったく得られないわけではないが，実際には独占水準でしか確保できないような利益が存在するからである．それは，たとえば独占化によってすぐれた知的指導者の影響圏が拡大し，劣った知的指導者の影響圏が縮小するという理由によるか，独占によって圧倒的に有利な金融的地位が得られるという理由による．…われわれの時代をとりまく諸条件の下では，こうした優位性が実際に典型的な大規模経営単位の顕著な特徴となっていることについては疑いようがないし，単に規模だけが，そうした優位性の必要条件であるとか，十分条件であるということにはならない」(Schumpeter [1950/1976], p.101)．後に私は示唆するつもりだが，市場支配力は不確実性，環境の変動を緩衝する方法となるため，シュンペーターにとって重要な問題となっている．

(MBE: modern business enterprise) は，既存の生産・流通プロセスをつうじて財・サービスの流れをコーディネートする機能に加え，将来の生産・流通に向けて資金，人員を配分する機能をも担うようになった．近代企業は，これまで市場が担ってきた諸機能を手中にしたため，アメリカ経済において最も強力な制度となり，その経営者は経済の意思決定主体のなかで最も強い影響力をもつ集団となった．かくして，アメリカにおける近代企業の勃興によって経営者資本主義が生み出されたのである．
(Chandler [1977], p.1)

したがって，問題は明白である．なぜ経営コーディネーションは，価格システムに取って代わったのだろうか．19世紀後半初頭のアメリカ経済の主要部門において，なぜ「経営者資本主義」は「市場資本主義」に取って代わったのだろうか．
　もちろん，このような問題にはさまざまな解が考えられるが，これらの解は，シュンペーター・チャンドラー命題をめぐる前述の2つの主張にやや類似した2つのタイプに分類できるだろう．第1のタイプは，複数単位型企業の成功がさまざまな外部条件に依存するとみなす条件依存的（contingent）な説明である．そうした成功をもたらす条件が整っていなければ，複数単位型企業は，垂直特化型企業による市場コーディネーションにたいする優位性を完全に失ってしまう．第2のタイプは，絶対的（absolute）な説明とでもいうべきものである．すなわち専門的な俸給経営者が運営する企業は，あらゆる時間，場所——少なくとも19世紀後半以降のあらゆる時間，当時のアメリカに匹敵するほどの発展を遂げたあらゆる場所——において，特化型組織による市場コーディネーションにたいして固有の優位性をもつ，という説明である．この説明によれば，専門的な俸給経営者が運営する企業は，単一方向に向かった経済組織の進化・進歩を表す．換言すれば株式会社は，シュンペーターのいう経済活動をめぐる「合理化の進展（progressive rationalization）」（Schumpeter [1934], p.85）の縮図となっている．

株式会社の条件依存的な説明については，これまで経済学者が管轄してきた領域である．もちろん経済学者は，株式会社の代替物，すなわち匿名の諸個人のあいだで行われ，価格によって調停されるスポット取引——狭義の「市場」——に長いあいだ注力してきた．だがロナルド・コース（Ronald Coase）は，一種のゲシュタルト・スイッチをもたらした研究（Coase [1937]）において，なぜ企業が存在するか，という問題を認識し，経済学の分析道具を用いて解を見出した．バーリとミーンズの研究が発表されたのとほぼ同じ時期——大恐慌時代，もしくはソビエトの実験開始から数十年の期間——に，コースは独自の見解を定式化したのだった．Coase（[1988], pp.7-8）が述べていたように，自生的な分権化を賛美する経済学者の主張と，「社会全体はいずれ1つのオフィス，1つの工場になっているだろう」（[Lenin 1992], p.91）という社会主義の将来を見通したレーニン（Vladimir Lenin）の主張との対比にひきつけられた．コースが推論したように，企業をめぐる真実は，少なくともこれら2つの主張の中間に宿っているにちがいない．企業とは，すなわち価格システムの代替物にほかならない．つまり，一種の中央計画を含意する．だが，代替の最適水準はゼロでも100%でもなく，これら両極の中間におちつくことになろう．企業が市場に取って代わるのは，単に「価格メカニズムを利用するための費用がかかる」（Coase [1937], p.390）からにすぎない．かくして，代替の最適水準については，限界における費用の均等化という問題に逢着する[16]．企業は，レーニン的な極に到達するまで拡大することはないだろう．それは，やがて収穫逓減が生じるようになるからで，このことは固定要素としての経営そのものにもあてはまる．価格メカニズムを利用するための費用——今日では取引費用と呼ばれる費用——とは，はたしてどのようなものなのだろうか．この問題の解を

---

[16]「企業は，追加的取引をその内部で組織化するための費用が，それと同じ取引をオープン市場における交換によって実行するための費用，もしくは他企業でその取引を組織化するための費用と均等化するところまで，拡大していく傾向がみられるだろう」（Coase [1937], p.395）．

見出すことは，コース以降の組織経済学の研究課題とされてきた．しかし取引費用の源泉は，たとえいかなるものであったとしても，条件依存的な要素だという点に注意せねばならない．つまり，こうした要素が存在するときには，取引費用は高くなると予想され，複数の生産段階を組織内でコーディネートするのが有利になるだろう．他方，存在しないときには，より多くの生産段階を「市場」に委ねるのが有利になるだろう．

コース自身，そうした要素がどのようなものかについて，いくつか見解を抱いていた．私は，別の研究で論じてきたように，Coase［1937］を詳しく検討してみると，彼は，取引費用を不確実性から生じるコーディネーション費用としてとらえていたことがうかがえる（Langlois and Foss［1999］；Langlois［2005］）．この点についていえば，コースによる企業の説明は，彼よりもややはやい時期にフランク・ナイト（Frank Knight）が提示していた見解にかなり近いといえよう．ナイトは，次のように記した．すなわち，「不確実性が存在し，何をどのようにすべきか，という意思決定の課題が実行の課題を凌駕するとき，生産集団の内部組織は，もはやとるに足らない問題でもなければ，機構上の枝葉末節として片づけられる事柄でもない．こうした意思決定・コントロール機能の集権化は，至上命題にほかならず，生物が進化する際に生じる『頭化（cephalization）』のプロセスになぞらえることができよう．それは，生物学的進化のケースと同じ理由で，不可避的なプロセスだといえるだろう」（Knight［1921］, III.ix.8)[17]．ここで，後で用いる予定の言葉をあらかじめ導入しておくとすれば，経営は，不確実性を緩衝するためのすぐれた仕方となりうるがゆえ，価格システムにたいして優位性をもつことがありうる，と表現できよう．

---

17) Coase（［1937］, pp.398–401）は，ナイトに異論を唱えようとしてかなりの努力を強いられた．だが，コースの異論の真意は，経営コーディネーションを実現するための費用の源泉ではなく，企業の定義そのものにあるというのが，私の主張である．ナイトにとって「頭化」こそ，市場契約をつうじて実現するとしても，重要な意味をもつ要素にほかならない．しかし，コースにとって企業とは，すなわち「頭化」，生産高契約の努力契約への変換の双方を含意する（Langlois［2005］）．

不確実性の緩衝は，以下の諸章でも説明のために引き続き扱われる要素である．だがあいにく，主流派の組織経済学に組み込まれることはなかった．むしろ主流派の文献は，業績を費用なしでモニターできないケース，契約を費用なしで実効化できないケースで生じるインセンティブの不整合に焦点をあててきた．財産権のシステムに不完全性が存在するケースでは，十分すぎるほどの柔軟性，「逃げ道」が生じてしまい，契約主体が費用を生み出すような仕方で合意事項から逸脱する可能性に加え，契約不履行をほのめかして脅しを図る可能性がもたらされることになろう（Alchian and Woodward [1988]）[18]．契約に際して，当該取引以外には低い価値しかもたない特殊性の高い資産が必要とされる限り，そうした脅しの可能性は高まるだろう（Klein, Crawford, and Alchian [1978]; Williamson [1985]）．これらいずれのケースにせよ，経営コーディネーションは，インセンティブの不整合費用を減少させるときに，すぐれた「ガバナンス構造」となることが示されている[19]．ここでも，経営コーディネーションによる市場の代替を説明する要素は，条件依存的となっている．経営コーディネーションの程度は，システム的ではない要素——諸段階間で移転される財・サービスの性質，モニタリング・実効化に関わる制度・技術，資産特殊性の程度——の変化に依存するのに加え，こうした変化とともに変動しうる．結果的に主流派の組織経済学の理論的装置は（シュンペーター，チャンドラーが主張していた）経営者資本主義の永続的な優位性を説明するには適さないと思われるのだが，にもかかわらず，その説明のために主流派の理論を適用してきた研究者もいる

---

18) もちろん，モニタリング費用，実効化費用を生み出す原因をつきつめていくと，何らかの情報の欠如にたどりつくだろう（Dahlman [1979]）．こうした意味で，インセンティブの不整合論は，ナイトやコースの不確実性論にいくらか関係している．だが，かなり狭く偏った仕方で知識の不完全性を扱っているにすぎず，それと同時に別の次元では完全知識を仮定している（Pagano [2000]; Foss and Foss [2001]）．
19) よりフォーマルな表現を用いれば，そうしたガバナンス構造によって総費用——生産費用と取引費用の総和——の減少がもたらされるとき，潜在的には分離可能な諸段階からなる内部組織が観察されることになろう（Williamson [1985], p.103）．

(Williamson［1985］のとくに第 11 章，Lamoreaux, Raff, and Temin［2003］を参照）．

　もちろん，際立った条件依存的な諸要素の永続的な変化に着目できるのであれば，永続的に変化する現象を説明するのに条件依存的なアプローチをいつでも採用できるということになろう．実際に私は，第 4 章で経営者資本主義の勃興にかんする説明を試みる際，条件依存的なアプローチを大いに活用するつもりである．しかし，こうした特殊な試みにコース的なアプローチを適用する際に生じる問題は，かなり根深い．すでに強調しておいたように，コースとその考え方を信奉する学徒は，均衡の比較静学にもとづく特殊な条件依存理論を採用する．結果的に彼らは，説明しようとする組織構造がどのようなものであれ，それらはあまねく均衡（経済学者の説明モデルによって定義される均衡）状態にある，という仮定を——実際には均衡状態にないとしても——暗黙のうちに採用している．かくして彼らは，企業 対 市場という選択を，過去，未来による何の影響もうけないスナップショットとして——Schumpeter（［1950/1976］, p.84）が軽蔑した「ある所与の一定時点からみた」視点で——とらえているにすぎない．だが，なぜ他の組織形態ではなく特定の組織形態が確認されるのか，を説明するうえで，過去の影と未来の光は重要な意味をもっていよう（Langlois［1984］）．かといって，組織経済学が大きく取り上げている取引費用の問題はまったく重要ではない，と述べているわけではない．進化論的な説明は，同義反復的な理論を避けるため，問題とされる生物構造が「エンジニアの適切なデザインの基準」（Gould［1977］, p.42）をどのように満たしているのかを示すものでなければならない，と生物学者は理解している．そして取引費用のストーリーは，組織進化を説明するうえで進化論的な説明とよく似た役割をはたしうるとしても，このことがあてはまるのは，少なくともわれわれがこのストーリーを進化論的な文脈のなかに埋め込み，経済変化がつきつける追加的な問題にたいして注意を払う場合に限られるだろう（Langlois［1986］）．

　おそらくそれ以上に重要な問題だと思われるのは，均衡論的な取引費用ア

プローチが，組織変化の原因，経済成長にたいする組織変化の影響の仕方を理解するうえで十分な素材を提供していないということなのである．均衡論で学習や適応が扱われるとしても，それらは，たかだか舞台裏での出来事とみなされるにすぎず，均衡論的な費用計算が行われる段になると，跡形もなく片づけられてしまう．成長の問題を論じるうえで，ナイト，コースの独創的な考え方は不確実性に焦点をあてているため，その後に登場した理論と比べて有用だといえよう．だが不確実性も，一種のスナップショット的な概念だということに注意しなければならない．実際に作用しているのは，組織学習・適応に関わる進化プロセスにほかならない．しかし，組織に参加するインサイダーの視点からすれば，こうした進化プロセスの将来は「不確実」にみえるだろう．だからこそ，任意の時点で観察した組織を，「不確実性」の問題を解決するものとして議論するのは無意味だとしても，不確実性は，組織が実際に解決しようとしている事柄の経験的対応物——進化デザイン問題（evolutionary design problem）——なのだということを，われわれは肝に銘じておく必要があろう．

　だが，実際に今日の学問分野の周縁部では，組織進化，経済成長といった問題を理解するうえでより適切な理論が展開されている．ケイパビリティ論——仰々しくいえば，進化ケイパビリティ論——がすなわちそれである．このアプローチは，スミス，マーシャル，シュンペーターに由来し，近年では，エディス・ペンローズ（Edith Penrose）の研究［1959］，ジョージ・リチャードソンの研究［1972］に着想を得ながら，ネルソンとウィンターの研究（Nelson and Winter［1982］），デビッド・ティース（David Teece）の研究（［1980］,［1982］）によってはじめて明確に展開された[20]．ある意味で，ケイ

---

20) それとならんで，Wernerfelt［1984］を嚆矢とした「資源ベース論」と呼ばれる戦略経営論の研究成果もある．近年，ティースとその共同研究者（Teece, Pisano, and Shuen［1997］）は，ダイナミック・ケイパビリティ・アプローチと称する研究をさかんに発表しはじめた．彼らのいうダイナミック・ケイパビリティとは，適応，イノベーションを可能にする組織内のケイパビリティのことである．

パビリティ論は，コース的な取引費用経済学の洞察を生産の領域に拡張する試みとみなされる．コースは，知識・情報の限界のために取引費用が生じることに気づいていた．組織が行うすべての物事を理解するカギは，知識・情報の限界にほかならないというのが，ケイパビリティ論の主張なのである (Langlois and Foss [1999])．実際に取引は，組織が実行する数多くの活動のなかの1つ——ケイパビリティを要する数多くの活動のなかの1つ (Winter [1988])——にすぎないのである．

Richardson [1972] は，ケイパビリティを企業の「知識，経験，スキル」(p.888) として説明する．そして，経済成長論と同じく価格理論をも支配するようになった生産関数アプローチによる知識の描写にたいして異論を唱え，次のように記している．

> もろちん私は，生産関数が一定水準の経営的・物質的技術という仮定をおいているのは認識している．したがって重要なのは，生産は，最先端技術に依存するということではなく，（ペンローズ女史がうまく説明しているように）とりわけ適切な経験・スキルを体化した組織によって実行されねばならないという事実にほかならない．フォーマルな生産理論は，分析対象からこの事実を排除する傾向があるが，その際，扱おうとする最適化問題の性質を所与とし，この与件を正当化するだけで，疑ってみることすらしない．にもかかわらず，私には，組織，知識，経験，スキルといった要素を取り戻し，われわれの眼の前にもってこない限り，適切な産業組織論を構築すること，なかんずく，企業と市場の分業に関連したわれわれの問題に答えることは，どうやら望むべくもないように思われる．
>
> (Richardson [1972], p.888)

リチャードソンの考え方は，ネルソンとウィンターの進化論と結びついている．彼らは，さらにミクロ的な分析視点からケイパビリティ——個人，組織が実践をつうじて獲得する習慣・ルーティン——の性質を体系的に説明す

る．彼らが述べるように，「ルーティンは組織のスキルである」（Nelson and Winter [1982], p.124）．企業は発展していく過程で，長年にわたって実行してきた一連の活動からルーティンのレパートリーを習得する．ルーティンは，組織が実際に行っている物事を意味するが，ケイパビリティは，組織が資源の再配分を試みるのであれば，行えるようになるかもしれない物事も含むことに注意しよう．かくして企業のルーティンは，ケイパビリティの部分集合ということになるが，企業がうまく成し遂げられる物事を左右するとしても，完全に決定づけるまでにはいたらない．本質的にケイパビリティ，ルーティンは，生産的なタスクを実行する仕方にかんするさまざまな形態の知識なのである．こうした知識のなかには，暗黙知（Polanyi [1958]）となっているため，明文化，他者への移転が困難なものがある一方，習得のために必要な投資を積極的に実行すれば一般的に入手できるケイパビリティもある．

　これら一連の概念が，経済成長とどのように結びついているかは明白である．というのも，組織適応と新しい生産的知識の獲得は，実は同じプロセスである，という示唆を与えるからである．だがケイパビリティという概念は，どのように企業境界論へとつながっていくのだろうか．リチャードソンの体系において，生産はさまざまな段階，さまざまな活動へと落とし込まれていく．活動のなかには，同一の一般的なケイパビリティに依拠するという意味で類似的（similar）なものがある．さらに，生産の流れのなかで連結しているため相互のコーディネーションが必要になるという意味で補完的（complementary）なものもある．経済のコーディネーションの中心問題とは，補完的活動は類似的活動である必要がない，という事実に求められる．すなわち，「類似的であると同時に補完的でもある活動が存在する場合，こうした活動は，単一企業内で命令によってコーディネートすることができよう．だが，このことは一般的にはあてはまらず，類似的でない活動のコーディネーションについては異なる複数企業間で行われることになろう」（Richardson [1972], p.895）．リチャードソンは，ブライアン・ローズビーと同様，主流派の組織経済学が採用する主な仮定，すなわち企業間の契約関係

はさまざまな危険をはらんでいるため，一般的には統合が望ましい，という仮定を転倒させている（Loasby [1991]）のだが，このことは注目に値する．リチャードソンにとっては，取引費用が存在するときでも，市場取引が費用面で有利な選択肢だと一般的にみなされる限り，ケイパビリティ間に類似性がなければ，統合は高い費用を要する選択肢となるだろう．

　以上の考察は，狭い範囲の事業に集中した企業からなる世界を示唆するように思われるが，こうした世界では，各企業は相対的によく似た一群の類似的活動に注力する．しかし，ポール・ロバートソンと私が論じてきたように，組織構造を説明するには，組織内のケイパビリティの配置の仕方に加え，ケイパビリティと，組織が解決すべき経済問題の構造的変化との「適合」も理解しなければならない（Langlois and Robertson [1995]）．経済成長とは，基本的に新しい経済機会の創発に関わる問題である．組織の問題は，既存のケイパビリティを新しい機会に関連づけるという問題，もしくは必要とされる新しいケイパビリティを創造するという問題にほかならない．かくして，観察される組織形態の主な決定要因の1つとして，機会――イノベーション――の特性が挙げられる．第2の重要な決定要因は，関連するケイパビリティの既存構造であり，こうしたケイパビリティの実質的な内容に加え，経済においてケイパビリティの活用が行われる組織構造をも含む．

　利潤機会を活用するのにシステム的イノベーション，すなわちいくつかの活動，さまざまな生産段階を同時に変化させなければならないようなイノベーションが求められるとき，企業制度の歴史において1つの典型的なパターンが生成する[21]．こうしたパターンは，いくつかの既存の資産を陳腐化させてしまうと同時に，生産の流れにおいて従来は必要でなかったケイパビリティの利用を要請するようにもなろう．さらに，既存のケイパビリティ

21）　ここでの用語法は，Teece [1986] にしたがう．システム的イノベーションと対照をなすのが，自律的イノベーションにほかならない．つまり，他のさまざまな生産段階とのコーディネーションを必要とせずに，1つの生産段階で変化を進められるようなイノベーションを意味する．

が別々に所有される——もしくは，ややくだけた，正確さを欠く表現を用いれば，既存の生産システムが市場メカニズムをつうじてコーディネートされる——のであれば，複数単位型企業という制度について，1つの重要な理論的根拠にたどりつくこととなろう．すなわち，このシナリオにおいて，複数単位型企業は，システム的イノベーションをうまく機能させるのに必要なケイパビリティを，相対的に低い費用での再配分・コーディネーション，さらに必要であれば創造すらも，実現するために生成することになる．こうした企業は，それより初期的な組織構造と比べて，必要なケイパビリティのコントロールをより集中的に行うため，自己資本を創造的破壊にさらさねばならない資産所有者の頑強な抵抗を克服しうるばかりか，必要なケイパビリティをもつ新しい投入物の所有者にたいして情報提供，説得を実行する際の「動学的」取引費用の問題を解決することもできる[22] (Silver [1984]; Langlois [1992])．第3章では詳細な事例研究を試みることにより，このシナリオに生命を吹き込んでみたい．

　こうした変化のパターンは，チャンドラーが *The Visible Hand* に記録した数多くの企業の創造・成長とおそらく一致するだろう．19世紀のアメリカでは，輸送・通信費用の低下とあいまって，マス・マーケットを創造することができただけでなく，大量生産による規模の経済を活用することもできた企業には利潤機会がもたらされた．鉄鋼，農機にはじまりタバコ，ブランド商品にいたるまで，幅広い事例が確認されよう．どの事例をみても，製品の属性・費用といった面で有利な改善を実現するには，かなり異なったケイパビリティを要するシステムを志向し，既存の分権型生産・流通システムについての創造的破壊を行わなければならなかった．第4章ではこうした議論を適切に系統化し，組織の歴史との対比を慎重に試みたい．

　ただし，こうした説明の条件依存性には注意しよう．企業の優位性は，

---

[22] 一般的に動学的取引費用——さらに一般的にいえば，動学的ガバナンス費用——は，必要なケイパビリティが必要なときに入手できないために生じる費用にほかならない (Langlois [1992])．

(1) 企業家的機会を生かすのにシステム的変化が必要とされる，(2) 必要とされる新しいケイパビリティを既存の分権型ネットワーク・市場ネットワークをつうじて安価に入手できない，といった状況の下で不可欠なケイパビリティの再活用・コーディネーション・創造を安価に実現する能力にもとづく．だが，これら2つの条件のうち一方ないし双方が満たされない状況では，複数単位型企業の便益は損なわれることになり，その理論的根拠はなくなってしまうだろう．多くの場合，変化——時として急速な変化——は，既存の分業の範囲，既存の組織境界の内部で自律的に進展することになろう．さらに先進国経済では，通常の市場をつうじた購買により，契約にもとづいた投入物，最終製品いずれかの形で多種多様なケイパビリティを入手することがすでに可能になっている．市場が厚く，しかも市場支援型制度が豊富に存在しているとき，システム的変化ですらその大部分は，市場コーディネーションをつうじて実現することになろう．同時に，（少なくとも部分的には）企業家的変化による創造的破壊の対象にならねばならない既存のケイパビリティのネットワークは，広範に分散した投入物の供給主体の手中にあるのではなく，実際には既存の大企業に集中している．企業はケイパビリティの占有主体，したがって習慣・ルーティンの結合体であるという見方には，企業は経済ケイパビリティの分権型システムと同様，制度的慣性に服している，という別の側面が付随する．多くの場合，経済変化は，うまく適応していない内部ケイパビリティしかもたない既存企業というより，革新的な中小企業によって生み出されてきたのであって，後者は，自社のケイパビリティに依存しているばかりか，市場で入手できるようなケイパビリティに依存してもいる．第5章では微妙なニュアンスや歴史を加味し，前述してきた見解に依拠しながら，20世紀後半，21世紀前半のニュー・エコノミーを再構成してみよう．南北戦争前が市場コーディネーションのみえざる手を反映した時代，19世紀後半，20世紀前半が経営コーディネーションのみえる手の勃興を経験した時代だとすれば，ニュー・エコノミーは，消えゆく手の時代だといえよう．

7番目の意味

　以上，私が概説してきた経済組織論は，複数単位型企業を条件依存的に説明する．しかし経営者資本主義については，特定の歴史的状況にたいする適応としてではなく，経済合理化のプロセスにおける一段階——おそらく最終段階——としてとらえる研究者もいる．条件依存理論が経済学の管轄してきた領域だとすれば，合理化の説明は経済社会学が得意とする領域とみなされよう．

　もちろん，合理化の説明のなかで最も有名なのは，マルクスによるものである．そのレーニン的な解釈については，すでにふれたとおりである．だがおそらく最も明快なのは，エンゲルスが *Anti-Dühring*（『反デューリング論』）で提示した説明（Engels [1966], III. 2)だろう．（マルクスと）エンゲルスの見解によれば，経済活動の内部的な経営コーディネーションは，市場コーディネーションと比べてつねにすぐれているとされるが，その理由はいたって単純で，前者は合理的であるのにたいして，後者は無秩序（アナーキー）だから，というものである．資本家自身，企業内の経営コーディネーション，すなわち「あらゆる個々の生産単位において，社会的基盤にもとづいた生産の組織化を進展させること」によって，市場の無秩序を解決しようとつとめてきた．こうした策略は，初期的な市場の組織形態を吹き飛ばしてしまった点では成功をおさめたが，無秩序の問題を実際には解決できなかったし，そのままでは解決できない状態を長引かせただろう．というのは，「社会化された生産」（自分のためではなく他者のための生産）は，資本主義，市場とは必然的にあいいれないばかりか，「個々の工場における生産組織と，一般社会における生産の無秩序とのあいだには，拮抗関係」が存在するからである．こうした拮抗関係は危機を深刻化させることとなり，その結果，数多くの生産段階をダーウィン主義的な統合によって少数の大規模組織へと変貌させたのだろう．資本家は自分に都合のよい形で生産手段の集権化・組織化を進めてきたが，そうした拮抗関係が解消されるのは，プロレタリアートが生産手段を奪取した場合にしかありえない．というのも，すべての生産が企業という様式

で計画化されるのは，このような場合に限られるからである．「社会的生産の無秩序は，体系的・限定的な組織によって取って代わられる」[23]．この見解は，歴史法則主義（Popper [1957]）に依拠している点だけでなく，複雑な経済活動の意識的・恣意的な計画化を要する形で合理性・合理化をきわめて強力に概念化することに傾倒している点からも理解できるように，多くの側面で際立っていよう．

さらに，合理化の説明としてマルクスと同じく有名なのは，マックス・ヴェーバー（Max Weber）によるものである（Weber [1947]）．ヴェーバーにとっての合理化は，「世界の脱魔術化（disenchantment）」，すなわち現世への現実主義的な関心を優先し，超自然論，形而上学を消滅させることにほかならない．ヴェーバーの図式では，経済組織は権限[†]システムをつうじてまとまりをもつ．最も基本的・創造的・一過的な権限形態は，宗教の預言者，軍事指導者が行使するカリスマ的支配（charismatic authority）である．しかし，属人的権限にもっぱら依存する組織には限界がみられ，しかも組織の複雑性が増大していくことにより，カリスマ的支配は，非属人的な行動ルールの集合によっておきかえられなければならない．歴史を概観すると，このことは伝統的支配（traditional authority）の生成を意味し，この権限形態の下では過去の慣行が行動指針となり，伝統的（超自然的）な信念がこうした慣行を正当化する．近代世界——その1つの定義にしたがう——におい

---

[23] Roberts and Stephenson（[1973], p.25n）が指摘するように，マルクス，エンゲルスをはじめ一般的な現代社会主義者の著作において「労働組織」という言葉は，完全な中央計画を意味する．

[†] ［訳注］本書では"authority"を，命令，決定を下す権利・力（たとえば，『明鏡国語辞典』，*Oxford English Dictionary* [OED] など）という広い意味で「権限」と訳したが，もちろん「権威」という訳もありうるだろう．ヴェーバーによれば，権威は一群の人々を命令に服従させる可能性とみなされ，彼自身，権威と支配を互換的に用いていたようにみうけられる．かくしてこの文脈では，"authority"の訳語とした権限と支配をほぼ同義とみなしてよいと思われる．しかし日本語には，権限，権威，支配といった言葉に加え，権力などの類語が数多く存在しており，われわれは日常的にこうした言葉をやや混同して用いている．ここでは，複雑な語彙論に立ち入るのは適切ではないため，簡単な注釈にとどめておきたい．

ては，官僚的支配（bureaucratic authority）がカリスマ的支配，伝統的支配の双方に取って代わった．官僚制は，ルールによる属人的権限の代替，個々の占有者から分離した抽象的な官職の創造，卓越した専門知識・権限範囲の増大をともなう（Weber [1947], pp.330-334）．こうしたプロセスは合理化にまつわるものであって，超自然的な信念体系ではなく，現実的なプラグマティズムにもとづいて組織のルール・構造の自己正当化が図られるのである．

そして，合理化の進展を論じたヴェーバーの理論のなかにこそ，シュンペーター，チャンドラー双方の見解をうまく位置づけることができる．実際にヴェーバーは，2人の研究者を結びつける紐帯の中核に位置する．シュンペーターはキャリアを終える時期に，他方でチャンドラーはキャリアをはじめる時期に，それぞれハーバード大学に在籍していた，という共通点をもつ[24]．彼らは双方ともハーバード大学企業家史センター（Center for Entrepreneurial History）に深い関わりをもち，シュンペーターにいたってはその設立を支援したほどだった（McCraw [1988], pp.6-7; Swedberg [1991], p.172）．もちろん，シュンペーターはヴェーバーを個人的に知っていた．経済社会学者リチャード・スウェドバーグ（Richard Swedberg）が述べるように，シュンペーターはとくに若かりし頃，基本的には「社会経済学（social economics）」と呼びうるヴェーバー的なパラダイムのなかで仕事をしていたのだった（Swedberg [1991], p.2）．シュンペーターによるドイツ語の仕事は，たしかにヴェーバーの引用で満ちあふれていた．アメリカ時代のシュンペーターは，ドイツ語圏の社会科学に特有の気風・趣向といったものから解き放たれていた——そして，自分の研究に関心をもつ読者のことをつねに意識していた——にもかかわらず，やはりヴェーバーの知的形跡をとどめていたように思われる[25]（Csontos [1991]）．ハーバード時代のシュンペーターは，自分と同じ部門に属する大物研究者ではなく，大学院生，若手研究者と

---

[24] チャンドラーはハーバード大学に1936年から1940年まで学部生，1946年から1952年まで大学院生として在籍していた（McCraw [1988]）．シュンペーターは1950年にこの世を去った．

ともに時間をすごすことが多かった（Allen［1991］, Vol.1, pp.247, 267-268）．そのなかにタルコット・パーソンズ（Talcott Parsons）という若手研究者がいたが，彼は，ヴェーバー，ワーナー・ゾンバート（Werner Sombart）‡)の資本主義論を扱った博士論文をハイデルベルグ大学で仕上げた．もちろんパーソンズは，アメリカの代表的なヴェーバー研究者だったばかりでなく，当時のアメリカにおいて著名な社会学者になっていた．パーソンズは，すでに1927年の時点でシュンペーターの経済理論の講義に出席し，彼から多大な影響をうけていた．その頃はシュンペーターは依然として，訪問教授という職位をもってハーバード大学に籍をおいていた（Swedberg［1991］, p.279n 8）．ひるがえって今度はパーソンズが，歴史を専攻するアルフレッド・チャンドラーというかけだしの大学院生にたいして，強力な影響を及ぼすこととなった．「何やらその後40年にわたって，パーソンズ社会学，なかんずくヴェーバー社会学は，チャンドラーによるほぼすべての研究の基礎をなしてきたといってよい．このことと同じく重要な点なのだが，チャンドラーがその研究を特徴づけている広範で体系的な一般化，すなわち強く求められていた経営史という研究分野に突き進んでいったのは，まさにそうした社会学の導きの賜物だった」（McCraw［1988］, p.6）．実際にヴェーバー，パーソンズの影響は，チャンドラーの歴史に秘められた革新性にとって，決定的な意味合いをもっていた．チャンドラーは，——泥棒貴族についての記述はもちろんのこと——アメリカ人研究者のほとんどが試みた個人企業家・個別会社の記述ではなく，あくまでも全般的な制度史の描写をめざしていた（Chandler［1971］）．彼の試みは，ヴェーバー，パーソンズ，シュンペーターといった経済社会学者と精神を共有していた[26]．

---

25) Faucci and Rodenzo［1998］を参照．しかしこの研究によれば，シュンペーターの方法論には，レトリックの変化だけでなく実質的な変化も確認されるのだという（この点は価値ある指摘だとしても，私にはうけいれがたい）．

‡) ［訳注］ドイツの経済学者で，一般的にはヴェルナー・ゾンバルトと表記されることが多いが，ここでは英語の発音で表記する．

合理化にかんしていえば，ヴェーバーの見解，その影響をうけたシュンペーター，チャンドラーの見解は，マルクスの見解とはかなり異なっている．私は，ヴェーバーの見解は歴史法則主義的かどうか，という問題に深く立ち入るつもりは毛頭ないが，私見によれば，それは歴史法則主義的ではないのであって，結局のところマルクスの見解と比べて，歴史法則主義による目立った影響をうけていないのはたしかだと思われる．それよりも興味をひく問題は，ヴェーバーの見解において，合理性と合理化とではまったく意味が異なっているという点である．マルクスによれば，経済社会は強力な意識的合理性によってどうにかこうにか結束していく（もしくは，結束しうるし，結束していくことになる）．——さもなければ，無秩序に陥ってしまう．他方，ヴェーバーとその学徒によれば，少なくとも伝統的支配，官僚的支配の両ケースについていえば，経済社会の結束は行動ルール体系によって実現する．合理化とは，意識的「合理性」にもとづくコーディネーション・プロセスによって無意識的コーディネーション・プロセスの代替が進展していくことではなく，行動ルールの再検討・修正・改善が進展していくことなのである（少なくとも一般的水準では，経済組織の進化ケイパビリティ論とのあいだに明らかな類似点をもつことに注意しよう．つまり，双方ともに行動ルールの進化の仕方を扱っている）．実際にこうしたプロセスについては，合理的なものというより，経験的なものとして扱ったほうが適切な記述が可能になるだろう．シュンペーターは，英語で出版された *The Theory of Economic Development* ［1934］（『経済発展の理論』）の第2章の冒頭で「合理化」という言葉を用いている．彼は脚注で説明している．

26）チャンドラーの見解によれば，「最も重要なヴェーバー研究者を2人挙げるとすれば，ジョゼフ・シュンペーター，タルコット・パーソンズになると思われるが，両者ともにハーバード大学で教鞭をとっていた．シュンペーターは，経済社会学者であると同時に歴史家でもあるという点で，ヴェーバーの最も注目すべき継承者だった（Chandler［1971］，［1988］, p.304）．

ここでは，この言葉をマックス・ヴェーバーの意味で用いる．後で理解するように，ここで用いる「合理的」「経験的」という2つの言葉は，まったく同じというわけではないが，類似した意味をもつ．これらは一様に，「理性」「事実」という双方の領域，すなわち科学の領域からはずれた「形而上学的」という言葉がもつ意味とは異なるばかりか，それとは反対の意味をもつ．人々のなかには，われわれが「形而上学的」という言葉を用いるのと同じ意味で「合理的」という言葉を用いる習慣もある．かくして，こうした誤解について注釈を記しておくのは，不適切なことではないだろう． (Schumpeter [1934], p.57n)

なるほど，彼がいうように不適切なことではない．
「合理的」という言葉を「形而上学的」という意味でとらえてきた人々を想起してみると，真っ先にマルクスの名が思い浮かぶ．シュンペーターが*Capitalism, Socialism, and Democracy*のなかで，奇しくもマルクスを（ヴェーバー的な？）予言者として描写したのは，忘れがたい事実である．シュンペーターが記しているように，「主人をなくした犬が駆け回るかのごとく，衰退しつつあった宗教が残してきた超合理的な願望と，当時の合理的・唯物論的傾向とをうまく融合するうえで，いかに卓越した技巧が用いられたか，に注目せねばならない．こうした傾向は，しばらく避けることができなかったばかりか，真であるにせよ，偽であるにせよ，科学的な意味をもたない信念，擬似科学的な意味しかない信念をうけいれるような代物ではなかった」 (Schumpeter [1950/1976, p.6])．マルクスによれば，合理的要素と非合理的要素は融合する．いかにしてこのようなことが可能になるのだろうか．あらためて指摘するまでもなく，問題は合理的という言葉の意味にある．カール・ポパー，フリードリッヒ・ハイエク（Friedrich Hayek）といった哲学者が論じてきたように，合理性は，生成・創造の能力としてではなく，批判の能力として理解すべきなのである (Popper [1957], [1966]; Hayek [1967])．批判的合理性は，思索的であるのと同じくらい経験的でもある．限定的・懐

疑的な探究・修正を志向する一種の理性をさし，観察可能な世界を基準として用いる．これとは対照的に，意識的計画，明確な前提にもとづく論理的演繹という観点から定義される合理性は，マルクスに代表される一種の過剰に逢着してしまう．ハイエクは，後者の合理性を支持する合理主義の立場を「構成主義」と呼び，適切なことかどうかは別として，デカルト（René Descartes）に非難の矛先を向けたのだった．

　実際，こうした見解が17世紀に支配的になったという事実は，過去のナイーブな思考様式への後退，すなわち言語・文書，法・道徳といった人間のすべての制度を発明したある個人を慣行的に仮定する，という見解への後退を意味した．デカルト的な合理主義が歴史的進化の諸力を完全に見落としてしまったのは，けっして偶然ではない．　　　（Hayek［1967］, p.85）

人間の理性だけで，複雑な制度を完璧に捏造できると考えたり，自生的で複雑な経済をコーディネートできると考えるのは，なるほど形而上学的とみなされるとしても，真の意味で合理的だとはみなされないだろう．
　私が主張してきたのは，ヴェーバー的な経済社会学はまさしく歴史的進化の諸力を扱っているのであって，シュンペーターの脚注が示唆するように，その合理性概念は批判的合理性にかなり近いということなのである．世界の脱魔術化は，懐疑的・経験的なプロセス，すなわち伝統的・超自然的な要素を排除できるのと同じくらい簡単に合理主義のみせかけを排除できるプロセスにほかならない．しかし問題は，合理性と合理化の意味をめぐって，かなりの混乱の余地が残されたままになっていることである．この点にかんして，*Oxford English Dictionary*（*OED*）をみてみよう．

合理化：経済学，社会学で用いられる言葉．最大利潤・効率性といった特定の結果を実現するために，企業の計画・組織，社会集団の管理にたいして（7番目の意味で）合理的な手段を適用するプロセス，とくに標準化・

単純化のプロセス.

それでは，「合理的」という言葉がもつ7番目の意味とは，どのようなものであろうか.

合理的 (7)：とくに経済組織，社会組織において，計画した結果を実現するために計算を活用する分析・計画手法を表す.

OED——人々が実際に言葉を利用する際の1つの権威とみなされる辞書——によれば，合理化の本質は「分析・計画」「計算」にある．こうした定義は，マルクスほど過剰な水準に到達していないのは明らかだが，批判的・経験的な合理化概念というより，論理的・思索的な合理化概念を示唆していよう．では，シュンペーター，チャンドラーによる合理化の説明は，どのあたりに位置づけられるだろうか．この問題については，以下2つの諸章で扱うつもりである．

　合理化の進展についてのシュンペーターの説明は，2つの形態の経済組織を対比する形をとるが，こうした対比は，所有者経営型中小企業，複数単位型大企業といった組織間の差異にほぼ対応しているといってよい．だが特徴的なことに，シュンペーターが扱っているのは動学的問題なのである．つまり彼は，既存資源の静学的な配分ではなく経済変化・成長の実現といった面で，2つの組織形態それぞれがもつ長所にたいして関心を抱いているのである．シュンペーターのパラドクスは，双方の組織形態を経済成長の原動力として雄弁に擁護し，これらに関わりをもつようになったために生じた．シュンペーターは，新結合の創出，生産手段の新しいチャネルへの再配置といった面で，勇敢な企業家がはたす役割を支持する擁護者として，今日では再び脚光を浴びるようになった．彼は，企業家精神研究という現代的な研究分野の着想を与えた人物であるがゆえ，崇拝されるほどの勢いをもっている (Shane and Venkataraman [2000])．その研究分野の（シュンペーター的な）

文献によれば，経済成長の背後にある推進力は，さまざまな個人，その小集団によって生み出されるのであって，彼らは，既存の組織構造の内部からではなく主に外部から働きかけを行う[27]．だが，1950年にシュンペーターが亡くなってから30年近くにもわたって，まったく別物のシュンペーター的な見解が人々の関心を集めることになったが，それは，ジョン・ケネス・ガルブレイス（John Kenneth Galbraith）が大衆向けに発表した著作の力によるところが大きい[28]．この著作は，経済変化において個人のイニシアチブがはたす役割を賞賛したものではなく，企業家の陳腐化を予言したもの，もしくは実際に企業家の陳腐化が年代記となりつつある，と主張したものだった．イノベーションは，官僚的な大規模株式会社におけるルーティンの問題になるだろう．さもなければ，すでにそうなっていただろう．ガルブレイスは，この問題を明確にとらえていた．すなわち，「現代株式会社の勃興とあいまって，現代の技術・計画化が必要とした組織が生成したのに加え，企業の経営が資本所有者から分離したため，成熟した産業企業において，もはや一介の個人としての企業家は存立しえない」（Galbraith［1967］, p.71）．おそ

---

[27] 「一般的に，新結合は新興企業によって体化され，新興企業は旧来の既存企業から生み出されず，それとは別に生産を開始する．…たいていの場合，鉄道を建設しているのは，駅馬車の所有者ではないだろう」（Schumpeter［1934］, p.66）．

[28] 今日われわれは，ガルブレイスをあまりにも安易な対象としてうけとらないようにするためにも，以前の彼はかならずしもそうではなかった，という事実を肝に銘じておくのがよいだろう．すなわち当時の彼は，よく他者を辛辣に攻撃した際，簡潔なフレーズ――通念（conventional wisdom）――を編み出した，という事実についてである．2000年8月，ニュー・エコノミーのブームが最高潮に達し，社会主義の崩壊から10年近い年月が経過していた時期に，当時のビル・クリントン（Bill Clinton）大統領は，ガルブレイスに大統領自由勲章（Presidential Medal of Freedom）を授与した（Lacey［2000］）．だがその授与の時期は，彼が示した大規模株式会社，中央経済計画の存立性にかんする予言が，彼の周辺で瓦解してしまった時期と見事に一致する．彼の受章は何らかの証なのかもしれないが，それが何なのか，いまだに私にはよくわからない．ニュー・エコノミーの証拠にもとづいてガルブレイスを徹底的に非難した研究としては，Alcaly［2003］を参照．ちなみにその結論は，ガルブレイスが「シュンペーターが行った研究のなかでも，最も洞察の浅い部分を扱っていたように思われる」（p.16）というものである．

らく驚きに値するだろうが,一見して齟齬をきたしているように思われる2つの考え方——中小企業を擁護する考え方,大企業を擁護する考え方——は,実はいずれもシュンペーターに由来する.

第2章では,合理的と合理化の意味に立ち返ることで,このパラドクスについて再考しよう. *The Theory of Economic Development* の脚注が示唆するように,時折シュンペーターは,合理化を批判的・経験的なプロセスとみなすことがある.人間の認知限界,暗黙的ルールの遵守,競争の動学的性質にふれている彼の文章には,進化ケイパビリティ論の研究に従事する現代の研究者にたいして着想を与えてきたものもある.だからこそ,こうした研究は,よく「ネオ・シュンペーター的」と呼ばれることがある.だが同時にシュンペーターは,計算としての合理化を擁護してもいた.計算という言葉は,おそらく彼のビジョンの転換点になっているのだろう.第2章では,シュンペーターが試みた合理化の進展についての説明と,企業家の陳腐化についての説明とのあいだには,実際に互いをうけいれようとしない根本的な緊張が確認される,という主張を展開するつもりである.いうなればそれは,経験的要素と合理的要素の狭間で生じた緊張なのであって,シュンペーターが解決し損ねているばかりか,おそらく彼自身,壮大な経済社会学に資するようあえて助長しているようにすらみえる緊張にほかならない.

第3章では,シュンペーター的な企業家的精神をカリスマ的支配の一形態として再構成する試みによって,シュンペーター,チャンドラーをともにヴェーバーのもとへと連れ戻す.シュンペーターは,経済変化の源泉にたいしてつねに注意を払っていたが,新しい知識が経済システムに取り込まれていくメカニズムを必要とした.彼はヴェーバーのように,リーダーの属人的権限に依拠することにより,経済変化の源泉をカリスマに見出したのだが,カリスマは,既存の行動ルール体系を無視できるがゆえ,それらに拘束されることなく自由になれる.だがカリスマが生み出す自由は,秩序なしにはありえない.社会学者ジェームズ・コールマン(James Coleman)が論じたように,カリスマ的支配は,旧来のルールがもはや適用できなくなった世界にお

いて，体系的な方向づけ，行動指針を与えるのに有用である（Coleman [1990]）．では，チャンドラーについてはどうだろうか．シュンペーターは，合理化の進展というプロセスの2つの端点，いうなればこのプロセスのカリスマ的な序盤戦，合理主義的な終盤戦の双方に関心を抱いているのにたいして，チャンドラーは，官僚化プロセスの細部に強い関心を抱いている．シュンペーターは，動学的企業家を観察しているのにたいして，チャンドラーは，経済構造が複雑化したせいで非属人的な経営ヒエラルキーが要請されるようになった後でも，長きにわたってカリスマ的支配（すなわち，日常的な経営活動にたいする属人的なコントロール）の構造を維持することにより，経営者資本主義へと向かう望ましい進行にたいして抵抗を企てる「個人」資本家を観察している．また，チャンドラーはヴェーバーと同じく，経済の複雑性によって必然的にもたらされる帰結――拡張的な市場経済のルール体系に対抗するもの――として，拡張的な官僚制のルール体系をとらえているように思われる．

　第2章，第3章では経済社会学を扱う．シュンペーター，チャンドラーがともに主張したように，歴史にたいして意味を付与するのは理論だとしても，つまるところ，理論の妥当性を証明するのは歴史をおいてほかにない[29]．第4章，第5章では歴史を扱う．そこでは，複数単位型大企業の勃興，近年の（相対的な）衰退の双方を理解するために，ケイパビリティ論を適用する．こうした試みを展開する諸章では，シュンペーター，チャンドラーの壮大な体系が有している限界を探りあて，明らかにしていきたい．

29）　シュンペーターが記したように，「私は個人的に，歴史分析と理論分析のあいだでたえまなく対等なやり取りが行われるものだと考えており，個々の問題を探究するうえで，（2つの分析をヨットになぞらえれば，スターボード・タック［右舷］，ポート・タック［左舷］のうち）片方のタックだけで帆走せねばならないときがあるかもしれないが，原則として双方は，互いに姿を見失ってはならない関係にある」（Schumpeter [1951], p.259：マル括弧内訳者）．

第2章　企業家の陳腐化

シュンペーターの二分法

　シュンペーターの学徒であれば，誰もが彼の有名な大言壮語ぶりを知っているはずである．つまり彼は，社交界で最高の寵児，乗馬界で最高の馬術家，さらには世界で最高の経済学者になりたい，という野心を抱いていた．だが悲しいかな，これらのうちはじめの2つの願望しかかなわなかった．この特徴的な表現が彼の関心をどの程度正確にとらえているのか，われわれの関知するところではない．しかし，晩年にさしかかったシュンペーターは，その切なる願望のなかでも，最後に残された未実現の願望を実現できるかどうかについて，気にかけるようになっていたように思われる[1]．彼の大著 *Business Cycles*［1939］（『景気循環』）は，彼にとっては忌まわしいジョン・メイナード・ケインズ（John Maynard Keynes）卿の理論へと，人々が傾倒していった大恐慌時代に，不幸にして見向きもされなかった．第2次世界大戦後，シュンペーターの名を世界最高の経済学者の1人として挙げる者は，ほぼ皆無であった．しかも多くの人々は，彼のことを，ジョン・ケネス・ガルブレイスというフィルターをつうじて，間接的に理解していたにすぎない．印象的なことに，今日では形勢が逆転した．すなわち，ケインズは輝き

---

1)　彼はたしかに気にかけていた（Allen［1991］, Vol.2, p.159）．

を失いつつある．これにたいして，シュンペーター――大胆な企業家，動学的競争，経済成長で知られるシュンペーター像――は勢いを増しつつある[2]．

しかし戦後，シュンペーターの名が埋もれていた時期に，彼を理解し，高く評価する文献が存在した．技術変化にかんする（主にアングロ・アメリカの）文献が，すなわちそれである．技術変化という研究課題を所与とすれば，この文献が企業家の陳腐化命題の問題，これと企業家精神論の関係に立ち入らなければならなくなったのは，きわめて当然の帰結だったといえよう．その結果，検討の余地すらもない通念としてまかりとおるようになった進歩の機械化命題をめぐって，1つの標準的な解釈が導かれた．それは，つまりこういうことである．シュンペーターが発表した初期の著作における議論は，後期の著作における議論とはかなり異なる．実際，シュンペーターには二面性――「初期」シュンペーター，「後期」シュンペーター――がある．大胆な企業家の重要性を認めたのが，初期シュンペーターだとすれば，後期シュンペーターは，こうした企業家が衰退し，新しい形態の経済組織に取って代わられる様子を思い描いていた．さらに，シュンペーターが変節した理由は，彼自身の周辺で生じていた資本主義の歴史的発展を目のあたりにし，これに反応したからだ，と考えられる．実際に彼は，世紀の変わり目のウィーンの所有者経営型企業の世界から，1930年代，1940年代のアメリカの大規模株式会社の世界へと活動拠点を移したため，それに応じて自説を適宜に変えたのだろう，と．

本章では2つの主張を試みる．第1に，学説的な問題になるが，技術変化を扱ったアングロ・アメリカの文献が理解しているような「シュンペーターの二面性」仮説は，明らかにまちがっている．これと同じく，企業家精神にかんするシュンペーターの基本的見解を，1931年以降のアメリカにおける大企業の観察によって感化されたものとみなす考え方もまちがっている．企

---

[2] Diamond [2006] が最近示しているように，シュンペーターは1990年代中頃の初頭からケインズより頻繁に引用されるようになった．

業家の陳腐化にかんするシュンペーターの見解は，少なくともはやければ（彼がアメリカにやってくる前の）1926 年，さもなければおそらく 1920 年には，すでに成熟していたのである．陳腐化命題は，初期資本主義と後期資本主義の区別に関連するのであって，おそらく初期シュンペーターと後期シュンペーターについて論じたものではないだろう．第 2 に，この主張のほうがより重要だが，陳腐化命題はまちがっている．陳腐化命題は，まったく異なる 2 つの経済知識を混同している——あるいは，おとり商法のように巧みにそれらをすりかえている——とみなされよう．

　ある意味，シュンペーターの陳腐化命題にかんする通念分析は，イノベーション，技術変化への関心をきっかけとしてシュンペーターに関心をもつようになった（主に）英語圏の研究者のあいだのオーラル・トラディション（口承伝承）の問題とみなされる．とはいえ，数多くの文献が出版されている．実際この種の通念分析については，関連性をもついくつかの見解が存在する．最も明快でよく知られた見解の 1 つとして Phillips［1971］が挙げられるが，そこでは主に，技術イノベーションにかんするシュンペーターの見解に焦点をあてている[3]．フィリップスによれば，シュンペーターの初期の著作（1934 年に英語で出版された *The Theory of Economic Development* をさす）は，後期の著作（*Capitalism, Socialism, and Democracy* をさす）と比べ

---

[3]　実際，シュンペーターのイノベーション概念は，狭義の技術変化にとどまるものではない．彼は，自ら「新結合の実行」と呼ぶ広義のイノベーションに関心を抱いている．彼が記すように，「この概念には，以下の 5 つのケースが含まれる．すなわち，(1) 新しい財——消費者にとって未知の財——の導入，ある財についての新しい品質の導入．(2) 新生産方法，すなわち当該産業部門において経験的にいまだに検証されていない生産方法の導入．こうした生産方法は，新しい科学的発見にもとづいたものである必要はなく，商品の新しい商業的な扱い方をも含む．(3) 新市場，すなわち当該国の特定の産業部門が以前に参入したことのない市場の開拓．この市場が既存のものであるかどうかは問題にならない．(4) 原材料・半製品の新供給源の獲得．このケースについても，この供給源が既存のものか，はじめてつくられたものかは，問題にならない．(5) 新産業組織の実現．この例として，（たとえば，トラストの形成をつうじた）独占的地位の創造・打破のようなものが挙げられる」(Schumpeter［1934］, p.66)．

ると，産業における技術変化のロジックについて大きく異なった見方を提示しているようにみえた．

「初期」シュンペーター——シュンペーターⅠ——において，イノベーション・プロセスは線形的なものとして特徴づけられよう．クリストファー・フリーマン（Christopher Freeman）は，このような仕方でイノベーション・プロセスを描写している．基本的な発明は，経済システムにとって外生的だと考えられる．おそらく基本的な発明の供給は何らかの形で市場需要の影響をうけるだろうが，その起源は既存の市場構造の外部に求められる．企業家はこうした基本的な発明をうまくとらえ，経済的イノベーションへの変換を図る．成功したイノベーターは巨大な短期利潤を獲得するが，まもなくそれは模倣者の参入によって減少していくことになろう．イノベーションによって不均衡化，既存の市場構造の変化がもたらされるが，こうした影響は，最終的にそのプロセスが沈静化し，次のイノベーションの波が求められるようになるまで続く．その結果，一連の景気循環として認識される経済発展の断続的パターンが生じる．フリーマンによると，

　　シュンペーターⅡ（「後期」シュンペーター：訳者）とシュンペーターⅠの主なちがいは，大企業が行っている内生的な科学的・技術的活動を受容しているかどうか，にある．…もはやシュンペーターは，発明活動がますます大企業のコントロール下におかれるようになり，しかもその競争的なポジションによって強化されるとみなしている．科学，技術，イノベーションへの投資，市場といった諸要素間の「カップリング」は，かつてはルース（疎）だったばかりか，大きなタイム・ラグに服してもいたが，今日ではかなりタイト（密）に結びつき，持続するようになった．
　　　　　　　　　　　　　　　　　　（Freeman［1982］, p.214：傍点原著者）

Capitalism, Socialism, and Democracy は，*The Theory of Economic Development* より強い関心を大規模株式会社に向けていたのはまちがいな

い．しかも前者は，産業における技術変化のプロセスについて，後者より精緻な「モデル」を提示しているようである．だがこうした主張は，前述してきた初期・後期命題にかんして少なくとも2つの異なった解釈の余地を残すこととなる．すなわち，相対的に弱いほうの解釈によれば，シュンペーターによるイノベーション・発展理論は，彼の初期・後期の著作をみても本質的には変わっていない．だが，「後期」シュンペーターはさまざまな理由により，単にその理論のなかで大規模株式会社の性質・役割を十分に精緻化することをただ選んだにすぎない．研究者のなかには，この弱い解釈を念頭におく者がいよう．だがさらにいえば，初期・後期命題をめぐってかなり強い解釈を念頭におく者が数多く存在しているのも，きわめて明白だと思われる．つまり，「初期」シュンペーターから「後期」シュンペーターへの変化は，彼の力点が単にシフトしたことを意味するものではなく，彼自身の経済にたいする基本的洞察が根本的に変化したことを反映しているとみなす．

シュンペーターのこうした変化は，彼がイノベーション・プロセスにおける市場競争の役割・必要性にたいする評価を修正したことを表す，ととらえられる．リチャード・ネルソンの議論はその典型だろう．

　たしかに初期シュンペーターは，官僚のコントロールにまつわる問題として経済問題をとらえてはいなかった．シュンペーターが確信していたのは，選好，資源のみならず技術も時間をつうじて変化するという点につきる．シュンペーターは，先達であるマルクスと同様，資本主義市場システムの真価はイノベーションの推進力にある，ととらえていた．また，技術変化のプロセスをコントロールし，さまざまな便益を広く均霑するような環境（最終消費者によるモニタリングに服す一方，競争を原動力とした環境）が競争的市場によって提供される，とも考えていた．彼は後期の著作において，イノベーションを創出するのに市場競争が不可欠だ，とする自説を撤回し，大規模株式会社ではイノベーションそのものが大幅にルーティン化されてしまった，と断じた．したがって特定の不利益が，経済活動

のルーティン化の進展によって生じるだけでなく，イノベーション・プロセスの社会化からも生じることを予見していなかった．

(Nelson [1977], pp.134–135)

さらに，シュンペーターが初期の立場を「撤回」したのは，哲学的態度の根本的な変化に起因するとか，この変化と関連しているとか，みなされることがある．バートン・クライン（Burton Klein）が記すように，「偶然にもシュンペーターは，初期の研究で展開したのとはまったく異なる見解を後期の著作で示すようになったが，2人のシュンペーターがいるのではないか，と思えるほどのちがいがある．つまり，決定論に立ち向かう反逆者シュンペーター，決定論を支持する決定論者シュンペーターにほかならない」(Klein [1977], p.133)．

この通念的解釈から得られるのは，シュンペーターが目のあたりにした現代経済で生起していた物事にあわせて「変節」した，という推論である．フリーマンが論じるように，「初期シュンペーターと後期シュンペーターのあいだにみられる力点の変化は，2つの世界大戦に挟まれた時期にアメリカ経済で実際に生じた変化だけでなく，同時期に大規模株式会社で生じたR&Dの急速な成長をも反映していた」(Freeman [1982], p.8)．たしかに，この解釈は信じがたいものではない．まさにシュンペーターは，経済史が経済理論に影響を及ぼすと考えていたが，あくまでもそれは，特定の時期にしか鮮明にとらえられることができない，いくつかの本質的な理論的特徴がつねに存在する，という意味にほかならず，けっして歴史法則主義を意味するものではない．

だが結局，このような通念的解釈——シュンペーターはイノベーションの性質にたいする自らの基本的立場を変えたという解釈，そして彼が目のあたりにした20世紀のアメリカ資本主義で生じていたトレンドを反映して変節したという解釈——は明らかにまちがっているのではないか，と私は考えている．

まず，シュンペーターが1942年以降に著した仕事には，*The Theory of Economic Development* の企業家精神論を髣髴させるような例示が見出される (Schumpeter [1947], [1951])．さらに重要な点は，企業家はやがて「重要性を失う」もしくは「陳腐化する」という考え方は，すでに1934年の英語版 *The Theory of Economic Development* に登場しているということである．そして，*Capitalism, Socialism, and Democracy* の研究課題である大企業志向の歴史的トレンドについては，すでに1934年の著作でも扱われている．

> 今日あらゆる国で妥当するようになったが，大規模な企業合同体の成長によって競争経済が崩壊しているとすれば，まちがいなくこのことは，実際にますます真実味をおびるようになる．新結合の実行は，まったく同一の経済主体にとっての内部的な関心事とならねばならない．つまり，資本主義の社会史を2つの時代に区分する分水嶺になりうるほどの顕著な差異が生じたのである． (Schumpeter [1934], p.67)

英語版の *The Theory of Economic Development* と *Capitalism, Socialism, and Democracy* のあいだにみられる対照性——もしくは，対照性の欠如というべきかもしれない——は，以下のようにそれぞれの引用を並置することにより，おそらく最も適切に確認できるようになろう．では「後期」シュンペーターからはじめよう．

> 企業家精神を原動力とした経済プロセスそのものは，衰退することなく続いていくとしても，この社会的機能（企業家精神）は，すでに重要性を失いつつあるばかりか，将来的に重要性を加速度的に失っていく宿命にある．というのも，一方で現在では，なじみのあるルーティンの外側にある物事を行うのは，過去と比べてかなり容易になっている——イノベーションそのものがルーティン化されつつある——からである．技術進歩は訓練をうけた専門家チームの仕事になってきており，彼らは必要とされるもの

をつくり出し，技術進歩を予測可能な形で機能させる．過ぎ去りし日々の商業的冒険のロマンスは，急速に色あせつつある．なぜなら，かつては天才のひらめきによって描かれたはずの多くの物事が，厳密に計算できるようになったからである． (Schumpeter [1950/1976], p.132：傍点著者)

続いてシュンペーターは，自分が予見した企業家の役割をめぐる変化を，軍の指揮官の役割をめぐってすでに生じていた変化になぞらえている (p.133)．そこで，「初期」シュンペーターから引用した以下のくだりをみてみよう．

しかしわれわれは，自然，社会を正確に知るほど，事実にたいするコントロールが完全になるほど，時間の経過，合理化の進展にともない物事が簡単に計算できるようになるほど，さらに計算のスピード・確実さの程度が高まるほど，こうした機能の重要性はますます失われていく．したがって，すでに軍の指揮官の重要性が低下してしまったのと同じく，企業家の重要性も失われていくにちがいない．(Schumpeter [1934], p.85：傍点著者)

これらの引用は重要なので，ここで詳しく検討していきたい．
　Becker and Knudsen (2003) は，シュンペーターの1928年の論文 "Entrepreneur"（「企業家」）の解釈を試み，シュンペーターが *The Theory of Economic Development* のドイツ語初版を改訂した1926年には，彼の企業家精神論がすでに成熟していたことを明確に示している．1926年の改訂版は，1934年の英語版の基礎となっているが，すでに示唆したように *Capitalism, Socialism, and Democracy* の陳腐化命題と十分整合するのである．シュンペーターの1928年の論文 "The Instability of Capitalism"（「資本主義の不安定性」）には，それと同じストーリーが記されている．——しかも英語が読める人であれば，このストーリーを読むことができたはずである (Boehm [1990], p.228)．このことから，シュンペーターが1930年代のアメリカの大

規模株式会社の観察に感化された,という見解——私の知る限り,何ら原文からの証拠にもとづいていない見解——には,ただちに終止符が打たれる.ベッカーとクヌーセンは,1911年から1926年のあいだにシュンペーターの企業家精神論が実質的に変貌を遂げたことを見出している.シュンペーターは企業家精神を,人口の一部を占める人々がもつ1つの心理学的特性として概念化するより,理念型として「非人格的」な形で描写するようになった[4].1926年以降の理論での企業家精神は,実在の人物に帰さずともよい.つまり,さまざまな時間・空間における個人(組織?)を分類するような行動のカテゴリーを表す[5].ベッカーとクヌーセンがとらえているように,企業家精神という概念についてのこうした変化は,企業家の「押しの強さ」を弱めることにより,企業家精神の制度化に向けた移行を容易にするため,陳腐化命題が成り立つことになる.彼らが述べるように,企業家は,変化の源泉というより,変化の媒介になってしまった.だが,「旧」シュンペーターから「新」シュンペーターへのそうした概念上の変化は,いかなる解釈を加えてみたところで,技術変化を対象としたアングロ・アメリカの研究者が実際に観察していると思いこんでいる変化にはなりえない.つまり,彼らが考えている変化は,実際には生じていなかった.

最近のことだが,Ebner[2006]が論じたように,実はこれら一連の考え方のほとんどは,早くも1920年までには提示されていた.

---

[4] ベッカーとクヌーセンは,シュンペーターが依拠する企業家精神についての新しい立場を,彼自身の私生活における出来事・悲劇という観点から説明しようとしている.彼らが軽視した説だが,つねに野心を忘れず,知的流行に敏感だったシュンペーターは,1920年代のドイツ語圏できわめてポピュラーだったマックス・ヴェーバーのアプローチによる影響を単にうけていたにすぎないという説がかなり有力だ,と私は考えている.ヴェーバーのアプローチは,1911年のドイツ語版に影響を与えた伝統的なオーストリア経済学,ドイツ歴史学派を舞台裏へと追いやってしまった.

[5] Swedberg([1991], p.173)が論じるところによれば,シュンペーターは1940年代になって *Capitalism, Socialism, and Democracy* を著した後で,ようやく彼自身の企業家精神論に変更を加えはじめ,企業家精神が集団的に実行されうるものだ,と主張するようになった.だが,この変化については1926年に生じた,とベッカーとクヌーセンは主張する.

社会主義の存立可能性にかんするほとんどの議論は，1920年に発表された「社会主義の可能性」を扱った論文により，すでに明確に示されていた．シュンペーターは，それに先立ち，ドイツ社会化委員会（German Commission on Socialization）の一員として政治活動に従事した後，短い期間ではあったが，社会主義政権が樹立したオーストリアで大蔵大臣という要職についた．その論文では，市場経済の性質を変貌させてしまい，それによって社会主義の基礎を準備しているかのようにみえた制度変化は，資本主義的発展における1つの特殊段階としてではなく，社会主義的転換の兆候とみなされていた．官僚制組織が産業集中，トラストの生成によって経済を支配するようになり，技術進歩の自動化が示すように，経済生活の合理化が進展していく，とシュンペーターは論じた．技術進歩の自動化は，発明の領域を支配する科学の管理化をともなう行政指導が，個人の企業家精神に取って代わることを意味する一方，発明の革新的応用は，大企業において事業のルーティンとして確立されることになろう（Schumpeter [1920/1921], p.318n）．さらに合理化は，前資本主義的で非経済的な感情・紐帯から経済の領域を解き放つが，このことは，富の私的な蓄積を駆動する動因としての役割を失っていく家族的価値によって例証されよう（Schumpeter [1920/1921], p.312n）．　　　　　　　（Ebner [2006], p.322）

シュンペーターの主張の一貫性は，1926年というより実は1911年以前から続くものだということが，より詳細な研究によって見出されよう[6]．

---

6) シュンペーターは1911年の初版において，国家が企業家の役割を継承しうる，と漠然と考えていた（とくに，Schumpeter [1911], pp.173ffを参照．ドイツ語にかんする協力にたいして，ウルフギャング・ギック [Wolfgang Gick] に感謝したい）．Boehm（[1990], p.228）は，陳腐化命題がシュンペーターによるドイツ語の初期の仕事に登場していた，という見解に同意するとともに，資本主義の「崩壊」というテーマが当時のオーストリア経済学に共通していたことを指摘する．

シュンペーターの緊張

　ではなぜ，多くの研究者が「2人のシュンペーター」の存在を認めようとしたのだろうか．簡単な答えを述べれば，シュンペーターは，企業家精神（複数の複雑な理論的概念を簡潔に表す言葉）は経済プロセスにとって決定的な意味をもつ，という見解の主な出所であると同時に，これとは正反対の見解——企業家精神はもはや経済プロセスにとって何の意味もなさない（さもなければ，やがて何の意味もなさなくなってしまう）ので，合理的計算によってあまねくおきかえられてしまった，という見解——の主な出所でもあるからである．シュンペーターのなかには，異なる2つの思考潮流が共存する．それらは首尾一貫しているが，互いに両立しえないものなのである．したがって，彼の研究を読むことは，ある意味でリトマス試験になぞらえることができよう．つまり，一方の思考潮流を選ぶとすれば，ある方向へと導かれていくのにたいして，他方の思考潮流を選ぶとすれば，それとは反対の方向へと導かれていく．シュンペーターⅠとしては，たとえば Nelson and Winter［1982］，Klein［1977］のようなネオ・シュンペーター的な研究者が挙げられる．他方でシュンペーターⅡとしては，ジョン・ケネス・ガルブレイスが挙げられる．

　だがすでに論じておいたように，そうした思考潮流の共存が変節を表すものでないとしたら，シュンペーターのリトマス効果を生み出している原因は何か．私が考えるにその答えは，彼の仕事には2つの両立不可能な認識論（epistemic theory）——ジョージ・シャックル（George L. S. Shackle）の示唆的な言葉（Shackle［1972］）——が調和せぬまま共存する，つまり経済プロセスにおける知識・無知の役割をめぐって相反した2つの見解が共存するため，「シュンペーターの緊張」が生じているというものである．

　この主張を詳しく説明するための方法としておそらく最善だと考えられるのは，このシュンペーターの緊張を，それと密接な関係をもつシュンペーターのもう1つの緊張という観点からとらえなおすことである．シュンペーターがレオン・ワルラス（Leon Walras）をきわめて高く評価していたこと

は，よく知られている．彼は *History of Economic Analysis*（『経済分析の歴史』）で，「純粋理論に限っていえば，ワルラスこそ最も偉大な経済学者にほかならないというのが，私見である」と記したうえで，ワルラスの仕事は「理論物理学に匹敵するほどの功績とみなされるだろう」(Schumpeter [1954], p.827)，とさらに続けている．しかし，シュンペーターが公言した科学的立場，芸術的感受性はワルラス的だったのかもしれないが，彼自身の理論は実質的にはきわめて非ワルラス的なのである．実際に多くの研究者は，ワルラス的アプローチにとって代替的で，敵対的でもある理論的視点・伝統を代表する存在として，シュンペーターを——かなり正当化する形で——描写してきた (Nelson and Winter [1982], pp.39-40)．より厳密にいえば，シュンペーターの理論は，実質的にはワルラス的というよりメンガー的[†]なのである．

経済学説にアプローチする際に依拠しうる立場として，実際には2つの選択肢しかない．第1に，ある理論家と関係のあるさまざまな理論家の見解が互いに一致しないのは当然であって，こうした状況にこそ本質的統一性が存在する，という立場をとることができる．つまり差異性は重要ではなく，本質的統一性の単なる付帯現象にすぎないということである．第2に，差異性こそが本質的なのであって，理論間にみられるいかなる表層的類似性も，実際には互いに根本的に異なる複数の見解をおおいつくす表装にすぎない，という立場をとることもできる．シュンペーターは，少なくとも限界革命——そして，彼の時代の経済学——に限っていえば，第1の立場を採用した．「細部にはきわめて多くの差異性があるにもかかわらず，ジェボンズ，メンガー，ワルラスが本質的に同じ学説を教えていたということにたいして，異論を唱える者はいないだろう」[7] (Schumpeter [1954], p.952)．こうした主張が1950年の時点ではいかに真実としてうけいれられたとしても，少なくともこの数十年のあいだに，実に多くの思想史家がその主張にたいして異論を

---

†) ［訳注］カール・メンガー（Carl Menger）のことをさす．

唱えはじめたのは明白な事実である．限界革命の推進者は，(Jaffé [1976] の表現を用いれば)「脱同質化 (dehomogenized)」の対象にされたが，脱同質化の進展は，1870 年代の経済学と同じく，現代経済学の地位にもよくあてはまる特徴である．また，脱同質化の推進者のほとんどは，混合主義者でワルラスを崇拝する——しかも，オーストリア人である——シュンペーターを反主流のメンガー派のリストに加えたいと思っている．エリック・ストライズラー (Erich Streissler) が記すように,「まさにその理由は，シュンペーターはワルラスをあまりに高く評価したため，ワルラスとは正反対の立場にずっととどまり続けてきたオーストリア学派の真の功績を，不適切な形で手引きすることになってしまったからである」(Streissler [1972], p.430n)．さらに，シュンペーターによるワルラス崇拝は，彼自身の業績がもつ非ワルラス的な特性をおおい隠すのに貢献したといえるのかもしれない．

　シュンペーターの仕事は，多くの点でメンガーの仕事とのあいだに親和性をもつ．重要なのは 1 つに，両者はともに新古典派的伝統というより古典派的伝統に近かった[8]．彼らはアダム・スミスと同様，単なる資源配分の問題というより経済発展——富の創造——の問題に関心を抱いていた．「シュンペーターによる技術進歩の扱いは，マルクス主義，現代の新古典派によるものと比べてかなり包括的で，まさにこの点でメンガーの伝統を継承している」(Streissler [1972], p.431)．シュンペーターとメンガーの類似性を他に挙げるならば，不均衡プロセスの強調,「完全競争」というワルラス的な構築物とはまったく異なる競争概念，社会制度にたいする関心といったものが指

---

7) シュンペーターが彼の時代の経済思想の統一性にたいして抱いていた態度については，Schumpeter [1982] を参照．フリッツ・マハループ (Fritz Machlup) は，シュンペーターの没後まもなくして書かれた論文において，こうした混合主義——「弱い折衷主義と誤解されかねない懐柔策」——を方法論的許容性，もしくは方法論的多元主義の一形態として擁護した (Machlup [1951], p.146)．
8) 「知的な系統に注目すれば，シュンペーターは，サミュエルソン，アロウに比べればマーシャル，スミスにかなり近いといえよう」(Nelson [1977], p.136)．「シュンペーターは，古典派的伝統を適切に継承してきた」(Nelson and Winter [1977], p.64)．

摘できるだろう (Streissler [1972]; Jaffé [1976]; Kirzner [1979], p.3; さらに Kirzner [1979], pp.53-75 も参照)．しかし当面の目的に鑑みると，シュンペーターの理論をメンガー的（あるいは，少なくとも非ワルラス的）とみなすうえで，経済知識，学習を志向する立場に依拠している点こそ，最も重要なのである．

　さきほどシャックルの「認識（的）[epistemic]」という言葉を借用したが，以下では自分なりの解釈を加えてこの言葉を用いてみたい．第 1 章で暗示しておいたように，認識論には 2 つの基本カテゴリー——経済主体の認識・学習の仕方にかんする理論における 2 つのカテゴリー——がある．一方は，合理主義論というカテゴリーである．大まかにいえば，もっぱら経済主体の合理性は明示的な前提にもとづく論理的演繹にある，という見解である．まちがいなくこのカテゴリーに属している一般的な新古典派モデルにおいて，経済主体は最大化問題（ないし最小化問題）に直面する．そして，問題解決を正確に行うとき合理的とみなされる．問題にかんするデータ——経済主体が「知っている」こと——はつねに所与とされ，行われるどの学習も所与のデータについての論理的処理の問題（たとえば，ベイズ更新）とみなされる．他方は，経験主義論というカテゴリーである．この理論では合理性の基準としてあまり厳しい要件が課されることはなく，典型的には経済主体が直面する状況に鑑みて，妥当な行動が求められるにすぎず，明確な（そして，時として複雑でもあるような）問題にたいする実質的に正しい解を反映した行動が求められるわけではない．さらに重要なのは，経済主体の知識の性質・源泉はその性格上，経験的なものとみなされる．つまり知識は，演繹というより経験によって得られる．結果的に経済主体の知識は，暗黙知 (Polanyi [1958]) となることがよくあり，さまざまな習慣，慣習，制度のなかに形式的でない形で含まれる．

　シュンペーターは，企業家精神の役割・重要性をめぐる議論のなかで，自らを経験主義論の陣営にはっきりと位置づけている．彼が述べるように，「行動は機敏で合理的である，という仮定は，いかなる場合にも擬制にすぎ

ない．だがこの擬制は，物事が人間のなかにロジックを打ち込むのに十分な時間があれば，かなり現実に即しているということが確証されよう．…しかしこのことが妥当するのは，無数の先例が何十年の時間をかけて，また経済のファンダメンタルズが何十万年もの時間をかけて行動を形づくり，適応的でない行動を淘汰してきた場合に限られる」(Schumpeter [1934], p.80)．この見解は，基本的にルールによって統治されるものとして行動をとらえる (p.83)．シュンペーターにとって，意識的計算としての合理性は，経済主体の大部分を占める形式的ではない知識から切り離されているのに加え，こうした知識によって規定されもする小さな領域内にとどまっているのである．この領域内であれば，「われわれは，証券取引所のメンバーが自分の株式ポートフォリオについて行うのと同様に抜け目なく，自己中心的な仕方で，農民が子牛を売り払う，と信じてもよい」(p.80)．以上のくだりにも示されているように，シュンペーターが支持した経験主義的な認識論には別の重要な側面もあるが，つまりそれは，この認識論が含意する経済知識は本質的に制約をもたない，もしくは進化的であるということをさす．経済知識は与件にもとづく論理的演繹の問題ではないため，そうした知識には制約がないだろう．経済主体の「計算領域」のなかにも，手段・目的の枠組のなかにも，組み込まれていない新しい知識は，つねに存在する．実際，企業家の仕事とは，まさしく新しい知識を導入することなのである[9]．「経済生活の循環フロー」とは，すなわち知識が変化していない状態を表す．経済成長は企業家のおかげでもたらされるのであって，この主体は質的に新しい知識――既存の経済配置には含まれていない知識――をシステムに取り入れている．

　こうした新奇性ゆえ，企業家の機能は経営者・資本家の機能とは一線を画

---

9) シュンペーターがくりかえし強調したように，彼が関心を向けた知識は，経済学の観点からすると新しい．――しかし，科学・技術の観点からすれば，かならずしも新しいとは限らない．彼にとって，アイデアは，実践的にはじめて試してこそ，イノベーションに転化するものなのである．ここでも，イノベーションという概念の経験的性質が強調される．

する.この点は,事業が十分に確立されていない場合でも新結合を実行する人物こそ,企業家とみなされるゆえんである.シュンペーターにとって,「こうした特異な要素は,ルーティンの作用領域の外側で働くということが理解されれば,即座にうけいれられることになろう.所与の諸条件にたいする適応的反応と創造的反応とを区別するのは適切かどうか,定かではないものの,本質を突いていることにはちがいない.つまりこれらは,本質的に異なったものなのである」(Schumpeter [1951], p.253).イノベーション,経済成長を扱うよう提唱しているどの理論にとっても,企業家精神という概念(あるいは,これにきわめて近い概念)は不可欠だというのが,私の議論における重要な論点にほかならない.伝統的な新古典派モデルは,所与の目的にたいする既知の手段の調整というストーリーを提示してはいるものの,こうした手段・目的の変化・生成の仕方についてはほとんど何も語っていないに等しい.新しい知識をシステムのなかに取り入れるメカニズムが存在していなければならない.そして,合理的計算はそのメカニズムとして該当しえないのであって,かつてデビッド・ヒューム(David Hume)が観察したように,「どのような推論であっても新しいアイデアを生み出しえない」(Hume [1978], p.164)[10]というのが,その理由である.

シュンペーターであれば,企業家精神という概念が理論に不可欠な要素だという点について強く同意してくれるように思われる.躍動的なくだりをみればわかるように,彼はその概念化にこめられた経験的性質を強調するような仕方で,(あえて私の流儀で表現すれば)企業家の認識論的な役割を記述する.

これまで行ってきたことは,われわれが実際に目でみて,経験してきたすべての物事についての明確な現実となっている.だが新しいことは,われわれの想像がもたらす幻想にすぎない.したがって,新しい計画の実行

---

[10] 私にたいして,この引用についての注意を喚起したのは,ブライアン・ローズビーである(Loasby [2004]).

と慣習的な計画にもとづく行動とのあいだには，道路の建設が道路上の歩行とは異なっているのと同じくらい大きなちがいがある．

　新たに計画された事業がもたらすあらゆる効果・逆効果を徹底的に精査することは不可能だということに留意すれば，そのちがいがどれくらいのものか，明らかになるだろう．もし時間，手段を際限なく与えられるというのであれば，そうした効果・逆効果の多くを確かめることが理論的には可能になるのかもしれないが，いざ実際にそれを行うとなると，見通しは暗い．ある所与の戦略的ポジションにおかれた状態で軍事行動をとる場合，入手できるはずのすべてのデータが得られないとしても，行動しなければならないのと同様，経済生活においても，生じる物事にかんする詳細を理解しつくせない状態で行動しなければならない．ここでは，あらゆる物事の成否は直観にかかっている．直観とは，たとえ現時点では確立していないとしても，後になって真実だということが判明するような方法で，物事を見抜く能力であり，たとえ人々がその原則を説明できないとしても，本質的な事実を把握し，非本質的な事実を棄却する能力である．徹底的な準備努力，特殊知識，幅広い知的理解，論理分析の才能といったものですら，状況次第では失敗の源泉と化してしまう．

(Schumpeter［1934］, p.85)

企業家精神——質的に新しいものを導入すること——は，新古典派モデルに描かれている合理的計算とは本質的に異なった活動なのである．
　シュンペーターが定型活動より多くの意識的合理性を実際に要するものとして企業家活動をとらえている点は，実に興味深い (Schumpeter［1934］, p.85)．この点によって再び強調されるのは，シュンペーターの経済知識の概念化にこめられた経験的性質なのである．定型行動は，本質的に試行錯誤型学習をつうじて「事前プログラム化」されるため，意識的合理性をそれほど必要としない．なるほど，少なくとも「初期」資本主義において，企業家の意識的合理性はイノベーションというタスクには適していな

いことに注意しよう．実はこのことこそ，企業家が論理の飛躍としての直観を必要とするゆえんにほかならない．ここでようやく問題の核心にたどりつくが，実際シュンペーターにとって意識的合理性は，根本的に新しい物事を扱うという仕事を行ううえで，ますます適したものになっていく．

　しかしわれわれは，自然，社会を正確に知るほど，事実にたいするコントロールが完全になるほど，時間の経過，合理化の進展にともない物事が簡単に計算できるようになるほど，さらに計算のスピード・確実さの程度が高まるほど，こうした（企業家的）機能の重要性はますます失われていく．したがって，すでに軍の指揮官の重要性が低下してしまったのと同じく，企業家の重要性も失われていくにちがいない．
　　　　　　　　　　　　　（Schumpeter［1934］, p.85：傍点・括弧著者）

三段論法に注意しよう．つまり，未知の物事はますます合理的に計算されるようになっていくため，企業家の「論理外」の機能はますます不要になっていき，したがって企業家の重要性は失われていかざるをえない．
　このことによって，経済知識の経験主義論と合理主義論とが結びつくことで奇妙な混合物に逢着することになる．「初期」資本主義（「初期シュンペーター」ではない）において，経済合理性は主に習慣・慣習の進化によってもたらされた．こうした知識配置の外へとふみ出そうという試みは，意識的合理性，明示的計算によって実現できるものではなかった．実際に合理性は限定されていた．「後期」資本主義（「後期シュンペーター」ではない）において，合理性の限界は破壊されつつある．意識的合理性は，固定化した過去の慣習だけでなく以前は不可知だった将来をも征服しはじめたのである．
　おそらくこのことは，より最近の研究者との類比をつうじていっそう明確になるだろう．すなわち，（再び仰々しいフレーズを用いることを許してもらうとすれば）シュンペーターの認識論は，究極的にはハーバート・サイモン（Herbert Simon）の認識論ときわめてよく似ている（Langlois［1990］,

[1998])．もちろんサイモンは，「限定合理性」という表現をつくり出した人物である．その基本的な考え方は，人間の情報処理能力は限定され，このことによって，新古典派的な意識的合理性は実現不可能にならざるをえないというものである．したがって主体は，「満足化」基準にもとづいて行動し，ヒューリスティクスにもとづく近似にたよらざるをえない．だがサイモンの概念化について，それが合理主義的な色彩が際立った知識の合理主義論だという点は，一般的にはみすごされている．サイモンにとって，主体は自ら直面する明示的な選択問題にたいする実質的に正しい解にたどりついた場合にしか，合理的とはみなされない．サイモンが好んで用いるイメージとして，チェスのゲーム，複雑な微分方程式が挙げられるが，これらは実質的に正しい解をもつ問題ととらえられるとはいえ，われわれにしてみれば，こうした解は，現時点では切望するのがせいぜいの，高嶺の花でしかない．要するにサイモンの革新性は，人々が真の合理性を近似しているにすぎない，という示唆にある．結局のところ彼は，合理性概念そのものに異議を唱えているわけではない．さらにシュンペーターと同じく，計算・経営技術の改善をつうじて真の合理性へと次第に近づいていき，いくつかの領域では合理性の限界すら突破してしまうかもしれない，という確信を抱いているのである．

シュンペーターのアイロニー

それでは，われわれは「シュンペーターの緊張」をどのように理解すればよいのだろうか．シュンペーターの緊張は，社会主義の存立可能性，資本主義の終局的崩壊についての彼の評価に強い影響を及ぼす．すなわち，これが私の主張にほかならない．

すでにみたように，シュンペーターの議論はそうした形で進展する．企業家精神――根本的に新しい物事を経済システムのなかに取り入れること――は，大胆な個人の本分とみなされてきた．というのも，企業家精神は必然的に有限知識の世界では予測できないばかりか，理性外でもある活動だからである．実際こうした議論は，資本主義的（より正確には，自由主義的）な社

会秩序に加担したものだという点に注意しよう．シュンペーターにとって，経済システムの相対効率は，「既存の構造をどのように管理するか」(Schumpeter [1950], p.84) ではなく，どのようにイノベーションをうまく創出するか，にかかっている．有限知識ゆえに，「計画化」はイノベーションと両立しない．つまり進歩は，慣例にとらわれない意外な方向に向かうよう，資源の統制・指揮にあたる個人の能力にかかっている．しかしシュンペーターが考えるように，知識の限界が消えていく結果，社会主義は経済成長をもたらすうえで，資本主義にほぼ匹敵する有効性をもつようになる．

だが，こうした議論は正しいのだろうか．実際，経済・技術知識の成長は，イノベーションが予測できるようになり，ルーティンになっていくことを含意するのだろうか．これは，議論の余地がある問題だといえよう．今日のイノベーション——あるいは，R&D——が19世紀のイノベーションより組織化されているというのは，まぎれもない事実である．こうした事実は分業が進展した証にほかならず，アダム・スミスをはじめ古典派経済学者にとっては何も意外なことではないだろう．だがスミスにとって，分業の進展は将来についての予測を可能にしたので，イノベーションの創出につながるものではなかった．いやむしろ，分業は社会におけるアイデアの多様性を高めたので，イノベーションを増加させたのだった．イノベーションは，依然として経験的な試行錯誤の問題のままだった．

われわれは，ややちがった観点からこの問題を扱うことができる．すでに論じたように，限定合理性から無限合理性への移行についてのシュンペーターのストーリーは事実上，経済知識の経験主義論から合理主義論への移行を含意する．はたして，こうした移行は可能なのだろうか．あるいは，究極的にシュンペーターの説明は，論理的に異なる二種類の知識を混同しているのだろうか．シュンペーターにはこうした混同が実際にみられる，と判断するのには，それなりの理由がある．もしそうだとすれば，進歩の機械化命題は効力をほぼ失ってしまうことになろう．

このことが何を意味するかを理解するには，シュンペーターの社会学的議

論の文脈において進歩のルーティン化，さらには企業家の消滅を理解しておかなければならない．彼が述べるように，「われわれが観察してきたのは，企業家にせよ，経営管理者にせよ，経営を実行する現代的な実務家にほかならない．こうした実務家はそのポジションに付随するロジックに依拠しながら，官僚制組織のなかで働く従業員の心理学のようなものを習得する」(Schumpeter [1950/1976], p.156). これは，普通にみうけられる観察事実である．Berle and Means [1932] を起源として，今日では十分な発展を遂げた学派の研究者が，通常こうした観察事実から導出するのは，生産組織は私的所有，国家所有のどちらに服していようと，それは機能の観点からみればどうでもよい問題だ，という結論である．実際には，国家所有の動機は「公的」なものとなる結果，私的欲望による汚染が浄化されるという理由で，国家所有のほうが望ましい，と思われるかもしれないが．

　シュンペーターは，先の観察事実からかなり異なった結論を導いている．企業家がはたす力強い社会的役割は，経営者によって十分に満たされるものではないという点こそ，シュンペーターにとって現代株式会社の決定的事実となっている．企業家は，力強さの支柱，正当性のシンボル，さらにはロール・モデルでもある．新しいアイデア，新しい気質を提供することで「ブルジョア階級」を勢いづけていく主体なのである．「したがってブルジョアジーは，経済学的・社会学的に，直接的・間接的に，企業家に依存しているのであって，階級として企業家と生死をともにしているが，封建文明のケースでも実際に生じたように，移行段階――死ぬこともできないし，生きることもできないと等しく感じられる終局的な段階――がやや長びくことも十分にありうる」(Schumpeter [1950/1976, p.134]). 社会主義は，その擁護にあたる企業家が存在しなくとも，「ブルジョアジーの要塞が…政治的に無防備となる」(p.143) ため，やがて成功をおさめることになろう．経営者階級が収奪を企てるのではない．収奪を企てるのは，社会主義的知識人，政府官僚からなる新しい階級にほかならない．「無防備な要塞は侵略を招来するが，それは豊かな戦利品がねむっている場合には，なおのことである．侵略者は自

らを扇動し，敵対行為を合理化する段階へと立ちいたることになろう．──侵略者は，つねにこのようにふるまう．もちろん一時的には，彼らを買収し，うまくあしらうこともできよう．だが，彼らがすべてを手に入れられることに気づいてしまった途端，この最後の拠り所すら破綻をきたしてしまうだろう」(Schumpeter [1950/1976, p.143])．したがってシュンペーターは，バーリとミーンズより大きな獲物を追い求めていた．まさにマルクスの分身としかいいようがない．シュンペーターは，社会主義システム（とくに，社会主義文化）をけっして賛美するわけではないが，社会主義への道を円滑化するという点でいえば，民間レベル，国家レベル双方の官僚制組織はよく似たものだとみなす．「したがって現代株式会社は，資本主義的プロセスの産物だとはいうものの，ブルジョア精神を社会化する．つまり，容赦なく，資本主義的動機が作用する範囲を狭めていくのである．そればかりか，結果的にそれ自体の基盤すらも破壊してしまうことになろう」(Schumpeter [1950/1976], p.156)．かくしてシュンペーターは，マルクスと同じく，資本主義は自己破壊の道をたどるとみなしている．だがマルクスとはちがい，資本主義はそれ自体の経済的失敗ではなく，あくまでも経済的成功の犠牲者なのだ，という見方を示している．このストーリーは，マルクスを転倒させるものであって，その構想には，重厚で自己満足的なアイロニーが加味されている．公平無私の論調，運命論的な姿勢，さらには警告めいたメッセージによって特徴づけられる．要するに，シュンペーターは新保守主義者以外の何者でもなく，おそらく最初の新保守主義者だとさえいいうる．

シュンペーターが進歩の機械化についてまちがいをおかしているとすれば，このストーリーをどのように変えなければならないのだろうか．その影響は，ある面では重大な意味をもつ．経験的な暗黙知──Hayek [1945] がいう「時間，場所にかんする特殊状況の知識」(p.524)──に依存し続けている経済システムは，産業，商業を官僚的社会主義に委ねてしまうことによって，それ自体がもつ革新性のほとんどを，したがって進歩のエンジンのほとんどを犠牲にしかねない．そのために有権者人口にしてみれば，社会主義

への移行においてかなりの痛みをともなうのは必至で，その結果，社会主義の到来は遅れてしまうか，（かならずしも妨げられるというわけではないにせよ）何らかの修正が加えられて実現するか，のいずれかだろう．いうまでもなくこうした解釈は，シュンペーターが自説をまとめた当時より，1989年以降の現代にかなりうまくあてはまっているように思われる．

　より壮大な社会学理論において，進歩の機械化命題は，ブルジョア資本主義が経済に及ぼすパワーを強調する役目をはたす．つまり進歩の機械化は，きわめて効率的であるがゆえ，未知にたいするわれわれの無知を克服してきた．また，大量生産製品を鋳型で次々と打ち抜いていく加圧の効率性をもってして，イノベーションをも大量生産の俎上にのせうる．こうしたパワーを将来的に資本主義にたいして与えないことにより，シュンペーターの全体的な眺望にこめられた美意識はやや損なわれてしまう．というのは，与えた場合と比較して，マルクスを不完全な形で転倒させてしまうのに加え，マルクスの真骨頂とでもいうべき運命論を先細りにしてしまうからである．

　だが結局，このことをあまり深刻にうけとめすぎると，われわれは想像力を失い，シュンペーターの仕事を読み流してしまうおそれがある．彼の議論の迫力は，細部の観察ではなく，あくまでも全体的な眺望にある．実際に「シュンペーターの緊張」——企業家精神を賞賛するシュンペーター，企業家精神を葬り去ったシュンペーター，両者のあいだにみられる緊張——は，*Capitalism, Socialism, and Democracy* の荘厳なアイロニーを豊かなものにしているのではないだろうか．

第3章 個人資本主義

ヴェーバーに帰れ

　シュンペーターの企業家精神論は，基本的にヴェーバーの系譜をひいている（Carlin [1956]）．実際にシュンペーターの図式は，ヴェーバーの社会理論を経済成長の問題に応用したものとみなされるかもしれない．シュンペーターの新機軸は，ヴェーバーが類型化したカリスマ的リーダーシップを企業家精神という概念に関連づけた点にある．

　ヴェーバーは，主に宗教の指導者，預言者に関心を抱いていたのであって，それに比べると，軍事指導者，政治的指導者にたいする関心は希薄だった．シュンペーターは企業家の描写を行うにあたり，ヴェーバーによる分析に多くを負う．ここでは，シュンペーター的な「個人資本主義（personal capitalism）」の概要をつかむことからはじめるが，その純粋形態は，官僚制組織にたいするアンチテーゼとなっている．カリスマが先導する組織について，まずヴェーバーの説明を考察しよう．

　　カリスマ的支配に服した団体は，ある種の情緒的なコミュニティの関係を基礎とする．カリスマ的リーダーを支えるスタッフは，「役人」によって構成されていない．少なくともその構成員は，専門的な訓練をうけていない．ヒエラルキーは存在しない．つまりカリスマ的リーダーは，自分の

スタッフである構成員では信託されたタスクを行うのにふさわしくないと判断した場合に，包括的な干渉，個々のケースに応じた干渉を行うにすぎない．権限・権能範囲は明確に定められていない．…機関も確立されていない．…フォーマル・ルール，抽象的な法原理は体系化されておらず，それらに則った司法判断のプロセスも存在しない．同様に，判例に則った法の叡智も存在しない．フォーマルな仕方で個々の事例ごとに具体的な判断が次々と下されていき，当初はそれらが神聖な識見・啓示とみなされる．…真の軍事指導者，これに類するあらゆる真のリーダーは，正真正銘の預言者として新しい義務についての説諭・創造・要求を行う．純粋なカリスマについていえば，こうした義務は，神託，リーダー自身の意志によって革命［原文］の権限に課されるものであり，このような起源をもつがゆえに，宗教・軍・政党の構成員にそれと認められるのである．

(Weber [1947], pp.360–361)

だがこうしたカリスマ的組織は，おそらくカリスマ的ではないものとの対比によってうまく理解できよう．

　したがってカリスマ的支配は，日常的な慣例が作用する領域，世俗的な領域の外側に位置している．この点でそれは，合理的支配，なかんずく官僚的支配との対照が際立つ一方，家父長的・世襲的支配の形態であれ，他のあらゆる形態であれ，伝統的支配とも著しい対照をなしている．合理的支配，伝統的支配はともに，とりわけ日常的な慣例によって行動がコントロールされる形態なのにたいして，カリスマ的支配はこれらにとって直接的なアンチテーゼである．官僚的支配は知的な分析が可能なルールに拘束されているという意味で，とりわけ合理的であるのにたいして，カリスマ的支配はあらゆるルールと無関係だという意味で，とりわけ不合理だとみなされる．伝統的支配は，過去から継承された前例にしばられているため，この点ではルールを志向しているともみなされよう．カリスマ的支配

は，その要求がまかりとおる領域内では過去を拒絶し，このような意味で革命的な力となりうるのは明白である． (Weber [1947], pp.361-362)

企業家精神が経済成長の源泉たりうるのは，それが秘めたカリスマ性，ひいては革命性のためである．企業家精神はこのような特性ゆえに，「古きものを不断に破壊するとともに新しきものを不断に創造し，たえまなく内部から産業構造を革命化し続けていくような（生物学の用語を用いるとすれば）産業の突然変異（industrial mutation）」(Schumpeter [1950/1976], p.83：傍点原著者) を担う役割を付与される．

　シュンペーターの企業家精神論をヴェーバーの用語によって表現しなおせば，このような形になるだろうか．経済は未開発状態にあるときには伝統的行動に大きく依存し，それによって意識的な経済活動の可能性が制約されてしまう．適切な制度的枠組——ブルジョア資本主義——の下で，カリスマ的リーダーシップは企業家という衣装をまとって登場することになり，「生産手段の新しいチャネルへの導入」(Schumpeter [1934], p.89) によって，慣習をおおいつくしていた堅固な外皮が破壊され，新しい富の創造につながる．カリスマは属人的で，革命的ですらある．「純粋なカリスマ的支配は生成プロセスにしか存在しないだろう．そのまま安定化するということはなく，やがて伝統化，合理化される道をたどるか，これらの複合作用が働くか，のいずれかの傾向を示すだろう」(Weber [1947], p.364)．経済の領域では，たしかに合理化が進展する傾向がみられる．いったん企業家が進路を切り開いてしまうと，そこへ模倣者が次々と突入してくるだけでなく，企業家的組織の内部で生じた継承の問題のために，官僚化がもたらされてしまう．官僚化とは，すなわちルールによって属人的な権限が代替されること，個人から切り離された抽象的な職業が創造されること，専門知識・権能領域の優位性が高まっていくことをさす (Weber [1947], pp.330-334)．

　伝統的支配から合理的支配への変換は2つのレベルで生じる．まず各企業家的組織のレベルでは，カリスマ的支配は伝統的支配を破壊するが，継承の

問題が生じたときには，結局のところ官僚制に道を譲らなければならなくなる．まさにこの場面にこそ，個人資本主義，経営者資本主義というチャンドラーの概念があてはまる．チャンドラーは，個人資本主義の下ではヴェーバー的な意味での合理化が十分に進展しないことを見出した．彼が論じるように，イギリスは経営者資本主義の代表的な事例（たとえば，アメリカ）と比較した場合，ヒエラルキー的なコントロールを適宜に拡張していくことができなかったばかりか，抽象的なルール，権能範囲にもとづいた経営を生み出すこともできなかった．

　　ほとんどのイギリス企業において，シニア・マネジャー（上級経営者）は最大の工場のなかにある，もしくはその近くにある同じ本社ビルで互いに密接に仕事に励み，ミドル・マネジメント，ロワー・マネジメントとほぼ毎日のように個人的に接触しながら，彼らを直接監督してきた．そうした企業は，アメリカ，ドイツの大企業が1914年以前に広く利用していた詳細な組織図・マニュアルを必要としなかった．こうしたイギリス企業において上級職・取締役の選抜は，経営能力と同様に個人的な紐帯に大きく依存していた．創業者，その後継者は，当該企業にたいする持株比率が低下した後ですら，トップ・マネジメントの意思決定にたいして重要な影響力を保持し続けた．　　　　　　　　　　　　(Chandler [1990], p.242)

したがってイギリスの個人資本主義は，カリスマ的創業者とアメリカ型モデルにみられる完全な合理化とのいわば中間点となっていた．
　だがもう一方のレベルでは，合理化の進展によって経済社会全体に影響が及ぶことになり，最終的には伝統主義が一掃されてしまう，という主張があてはまる．企業家は，そうした変換の主体であると同時にその犠牲者でもある．深く根づいた伝統的な生活様式を根絶し，合理的支配のための舞台を用意する[1]．しかし，――そして，これこそシュンペーターの主張の核心なのだが――いったん堅固な外皮の破壊という激務が終わってしまうと，カリス

マ的リーダーシップはもはや不要になり，企業家は夕日のなかへと消えていかなければならない．前述したように企業家の役割は，合理的な系統にしたがって組織化された官僚的大企業によっておきかえられてしまうのだが，官僚的大企業はカリスマを必要とせず，巧みに変化を創造することができる．システムとしての企業家資本主義は，実質的機能はおろか，正当性の源泉すらも失い，結果的には企業家を西方へと追いやらざるをえなくなってしまうため，合理化の進展というプロセスによって，最終的にはある種の官僚的社会主義という帰結がもたらされる．

大規模組織に好意的だったシュンペーターの大意は一見すると，合理的な官僚制が生み出す効率性にたいして惜しみない賛辞をおくったヴェーバーの見解と整合するように思われる[2]．

> 経験によって普遍的に示されているように，純粋に官僚的な行政組織——独裁政治型官僚制——は，純粋に専門的な見地から最大の効率性を実現でき，このような意味でフォーマルな仕方で人間を強制的にコントロールするうえで最も合理的とみなされる既知の手段である．正確性，安定性，規律の厳格性，信頼性といったどの面からみても，これに比肩する形態はまったく存在しえない．したがって，この形態をとる行政組織の長はもとより当該組織との関係の下で活動している人々も，きわめて高い精度で結果を予測できるようになる．最後に，効率性の強度，オペレーションの範囲といった面でも突出しており，フォーマルな形であらゆる行政的タ

---

1) 「生活習慣に広く浸透した伝統主義は，たとえば近世の労働階級を特徴づけるようなものだったが，資本家による指令の下で営利事業の合理化が大きく進展していくのを食い止められるほどのものではなかった．…にもかかわらず，この伝統主義的な態度は，とくに近代の合理的な資本主義経済が発展を遂げるようになるまでは，西洋世界では少なくとも部分的に克服しなければならないものとみなされた」(Weber [1947], p.167)．
[訳注] 著者によれば，ここでいう「近世」は，中世末期から産業革命初期のあいだの時代，すなわち15世紀ごろから18世紀ごろの時代を意味する．
2) もちろんヴェーバーは，官僚制をよいものとしてとらえてはおらず，それが人間性を無力化してしまう，という影響を危惧した（Coleman [1990], p.95)．

スクに適用することができる． (Weber [1947], p.337)

だが，このように賛辞が並べられているとしても，官僚制が革新的なものとして描写されていないことに注意しよう．官僚制は正確で信頼に足るものだとしても，その力強さにはかならずしもふれられていないのである．われわれがみてきたように，「合理的支配，伝統的支配はともに，行動のコントロールが日常的な慣例によって行われる形態である」(Weber [1947], p.361)．官僚制が設計されたのは「人間を強制的にコントロールする」ため，すなわち支配者が人々を思い通りに動かすためにほかならず，かならずしも経済全体に関わるさまざまなタスクを実現するためではない．そして官僚制（もしくは，より一般的には合理化）は，人間が将来についての「予測」・予言能力を高めているからではなく，内的な差異を減じているからこそ，「予測可能」な結果を生み出す．

まさしくこの点において，シュンペーターはヴェーバーを超越し，私が論じたような正当性を失った領域へといよいよ立ち入ることになる．合理化の進展は，シュンペーターにとってヴェーバーの脱魔術化という考え方ではとらえきれない物事を意味する，という見解を想起しよう．さらにいえば，科学的知識の成長によってハーバート・サイモンの意味での合理性の限界を超克することを意味してもいるようである．つまりわれわれは，合理化の進展にともない，「事実にたいするコントロール」をより望ましい形で実現できるようになり，以前であれば直感，「天才のひらめき」を要していた物事について，「迅速かつ確実」に予測できるようになっていく．したがってシュンペーターは，官僚制によるコマンド・アンド・コントロール（命令と統制）の可能性にとどまらず，それによる認知的な可能性についても主張する．興味深いことだが，ヴェーバーがこの点にかんしてシュンペーターを支持したかどうかは，定かではない．すでにみてきたように，まずヴェーバーは官僚制の不活発性を強調した．官僚制はルールの設置に関わりがあるものの，ルールの変化についてはこの限りではない．あくまでもそれは，明確な

目的にかなった明確な手段を配置するための1つの手段にほかならない．しかし，伝統的支配という理念的な支配類型と同様，合理的支配もまた活発なものとはみなされない．官僚制による企業家資本主義の代替という問題について，ヴェーバーが社会主義計算の可能性に反対の立場をとっていたのは明白で，実際にルドウィック・フォン・ミーゼス（Ludwig von Mises）の見解を支持していたとみなされよう[3]．

　シュンペーターの陣営にいる人物としてウィリアム・ラゾニック（William Lazonick）が挙げられるが，彼は，資本主義の漸進的発展についておそらく歴史法則主義に依拠した説明を与え，資本主義はその頂点である「集団資本主義（collective capitalism）」に到達した，と論じる（Lazonick [1991]）[4]．ラゾニックの集団資本主義に登場する大規模組織は，シュンペーターによる後期資本主義の描写と同様，既存の構造を有効に管理できるだけでなく，イノベーションを生み出す主な原動力にもなる．さらに，ラゾニックはシュンペーターと同様，大規模組織が認知限界を有効に破壊するとともに意識的に分業を改革する能力をもつからこそ，革新性の基盤を確立し，富を創造することができるとみている．

　イノベーションが技術的に複雑化するほど，革新的なスキルにたいする需要はますます高まり，こうしたスキルの開発・利用のために必要とされる専門的な分業はますます広範囲に及ぶようになる．組織は，イノベーションに寄与するような専門的なスキルを開発しなければならないばかり

---

[3] 1930年代，1940年代にこの見解は知的支持を得ていなかったが，ちょうどその頃，ヴェーバーの考え方は英語圏の学界へと浸透しはじめたところだった．タルコット・パーソンズは，にわかに初期的なポリティカル・コレクトネスへの配慮をみせ，彼自身が手がけたヴェーバーの翻訳に脚注を挿入する必要があると判断し，社会主義計算の問題について「最も影響力のある専門家の意見」にしたがった見解を支持することで，原著者であるヴェーバーの過誤について弁明を記したのだった（Weber [1947], p.194n）．だがその影響力は，後にヴェーバーの陣営にシフトしたのは明らかであるため，確固たるものではなかったにちがいない．

か，こうしたスキルをコーディネートすることで，集団的な生産力へと昇華させなければならない．つまり企業は，組織ケイパビリティのおかげで計画化できるようになるばかりか，革新的なスキルの開発をコーディネートできるようにもなり，こうしたスキルを企業特殊的な集団力へとまとめ上げていくことができる．したがってイノベーション・プロセスに限っていえば，組織ケイパビリティは，イノベーションの創出に必要な水平・垂直分業の計画的なコーディネーションを可能にする．

(Lazonick [1991], p.203：傍点著者)

---

4) ラゾニックは，後の仕事において「共通目的を追求する法的に区分された企業が雇用する個人・集団」(Lazonick and West [1995], p.231) の諸活動を，集団資本主義——もしくは，彼の用語では「組織統合 (organizational integration)」——のなかに含めているように思われる．だが注意深く検討してみると，この考え方は，同義反復でないとすれば，集団資本主義という概念そのものを無意味にしてしまう．というのも，そうした考え方は，経済学者が企業のケイパビリティではなく（適切に理解された）市場のケイパビリティを反映しているとみなしてきた活動，適切にみなすべき活動をとらえているので，大企業自体の優位性にかんする分析の含意に疑いを差しはさむことになってしまうからである．この点については，Loasby [1993]，Langlois [1994] を参照．より最近になってラゾニックは，オールド・エコノミー型ビジネス・モデル (OEBM：Old Economy Business Model) とニュー・エコノミー型ビジネス・モデル (NEBM：New Economy Business Model) とを対比させている．「ジョゼフ・A. シュンペーター，エディス・T. ペンローズ，アルフレッド・D. チャンドラー，ジョン・ケネス・ガルブレイスの著作でとらえられているように，20世紀後半になって OEBM の勢力は，すでに成功をおさめた企業がイノベーションをルーティン化するとともに，それによって既存の生産物市場ですぐれたケイパビリティを構築し，新しい生産物市場へと参入する能力のためにもたらされた．対照的に1950年代以降，ICT 産業におけるイノベーターとして新興企業が際立ち，支配的な地位を占めるまでになったというのが，NEBM の典型的な特徴である．R&D は OEBM，NEBM の両方にとって重要な意味をもつが，研究投資は OEBM におけるプロダクト・イノベーションを促進したのにたいして，NEBM においては開発投資がかなり重要になっている．ニュー・エコノミーにおいて，特化した新市場向けの製品開発にすばやく集中できる企業が優位性を確立するのであって，こうした優位性のため，多角化したゴーイング・コンサーンより専業度の高い新規参入企業のほうが選好されてきた」(Lazonick [2005], p.5)．陳腐化したのは，はたして「集団資本主義」なのだろうか．第4章，第5章において，OEBM，NBEM にかんする私見を述べてみたい．

第3章 個人資本主義 71

　こうした計画化，コーディネーションがどのように生じるかは，つまびらかでないが，それらは，中核となる何らかのカリスマ的個人，企業の所有者の手で生み出されたものでは断じてないというのは明白で，専門経営者が生み出した所産にほかならない，という強い印象をわれわれは抱くであろう．
　この点でラゾニックは，チャンドラーではなくシュンペーターを選好する．シュンペーター，チャンドラーはともに，ヴェーバーの影響を等しくうけているにもかかわらず，企業家の陳腐化にかんするシュンペーターのストーリーは，みえる手の勃興にかんするチャンドラーの説明と同一視できるものではない．チャンドラーはヴェーバーと同様，大規模官僚制組織の革新性ではなく財の供給能力を強調する．専門経営者が実行するのは，「管理，モニタリング，コーディネーション，計画化」にほかならない．彼らは新結合を実行する主体ではない[5]．チャンドラーにとって経済成長は，大量のスループットにたいする避けがたい要請によって支えられている．つまり，こうした要請を十分に実現するうえで，組織における属人的要素は妨げになってしまい，そのために抽象的で専門性の高い構造が必要となる．だがすでにみたように，シュンペーターの主張はかなり異なる．彼は「個人」資本主義をカリスマ的リーダーシップに関連づけている．劇的でしばしば創造的破壊とみなされる変化をひきおこすのは，企業家をおいてほかにない．シュンペーターにとって，細部を満たすべく登場する主体が重要だというのは，否めないにせよ，本当に重要な意味をもつのは，そうした変化のほうなのである．陳腐化命題とは，すなわち十分に統合された大企業が個人企業家のビジ

---

5) 大規模組織の革新性にかんするチャンドラーの主張は，大規模組織が彼のいう範囲の経済を活用する能力にとどまっている．Penrose [1959] がより理論的に述べているように，組織ケイパビリティ（ないし資源）は不可分の束として生成する．結果的に企業は，Richardson [1972] の意味で類似的なケイパビリティを必要とする活動に，低コストで適用できるような余剰資源を自社内にもつことを認識するかもしれない．このことこそ，現実的かつ重要な企業成長の源泉にほかならない．だがそれは，組織ケイパビリティを意識的に再配置するのとはまったくちがう．むしろ，経路依存的に蛇行しながら，関連多角化へとつながっていくイメージに近い．

ョンを実現するのに必要とされる,という主張ではない.むしろ,そうした大企業こそ変化を生み出す源泉になる,という主張なのである.議論を簡潔に整理しよう.すなわちチャンドラーにとって,大規模組織は経済変化がもたらした結果なのにたいして,シュンペーター的な後期資本主義の描写によると,経済変化は大規模組織がもたらした結果とみなされる.

属人的要素の合理性

　ヴェーバーの図式では,組織の機能目標——実現すべき限定的な目的——を最適に達成できるのは,機械的な官僚制組織以外にはありえない.すでにみたように,この点こそ,彼がチャンドラーに影響を及ぼした遺産にほかならない.すなわち,個人資本主義のカリスマ的要素という残存物は,現代産業資本主義にみられる専門的な俸給経営者が運営する統合型構造を活用するうえで妨げになってしまう.だが,社会学者だった故ジェームズ・コールマンにとって,組織の分析・デザインをめぐるヴェーバーのアプローチは,経済学者が扱うプリンシパル・エージェント問題を理解できるものではなく,ミスリーディングであるばかりか,危険ですらもある.つまり,官僚制におけるエージェントは,機械の歯車のように行動するのではなく,組織とは乖離した目的・利害を有する.コールマンはプリンシパル・エージェント理論を用いて,有効に機能している多様な組織——マーチャント・バンク,ダイヤモンド商人,日本型生産システム——が機械的な官僚制組織として構造化されておらず,円滑なオペレーションを実現するための必要条件として,属人的要素をとどめている理由を示す.

　おそらくとても興味深いことだと思われるが,Coleman([1990], pp.99–101)は,完全なカリスマ的支配ですら,合理的(経済学者ならば「効率的」と表現するだろう)な組織構造になりうる,という示唆を与えている.その理由は,権利,役割,責任が流動化した「カオス」状態において,カリスマ的支配によってコーディネーション問題を解決できるからである.すべての組織メンバーは何らかの構造,もしくはコンスティテューション(基本枠

組：constitution)†)を選好するであろう．しかし，それぞれのメンバーが新しい秩序に積極的にしたがおうとするのは，新しい秩序にしたがうという面で他の数多くのメンバーが同時に合意する場合に限られるため，コーディネーション費用はきわめて大きくなってしまう．カリスマ的支配はこうした費用を節約し，構造を確立することになり，構造はおそらくヴェーバー的な仕方で進化を遂げ，安定性をもたらすであろう．このような見解がシュンペーターの企業家精神論と類似しているのは，明白である．最近の理論家のなかには，こうした見解に認知的な解釈を加える者もいる（Witt［1998］; Loasby［2001］; Nooteboom［2003］）．変化の世界では認知的な「コンスティテューション」が求められる．つまり，変化の世界で協力しなければならない人々は，互いの目標・行動に適応する形で自分を方向づけられるよう認知的フレーム，解釈システムの共有を図っていく必要がある．この点で企業家は，ウーリック・ヴィット（Ulrich Witt）がいう認知的リーダーシップ（cognitive leadership）を発揮することで方向性を提示するのである．

　組織はあたかも機械のごとくに組織化されたときにこそ，最適に機能する，という見解にたいしてはじめて異論を唱えたのは，たしかにここで取り上げた理論家ではない．チェスター・バーナード（Chester Barnard）は，ヴェーバーの考え方によく似た面をもちあわせていたものの，彼が著した *The Functions of the Executive*［1938］（『経営者の役割』）は，ある意味でそうした異論を中心課題として扱った．バーナードが提示した経営者の概念は，本質的にはチャンドラーと同じもの——高度に統合された組織の運営を担う専門的なエリート集団——だといえよう[6]．にもかかわらずバーナードは，なかんずく機械としての官僚制という考え方に反対し，経営者のリーダーシップという属人的要素に固執した．さらにインセンティブをめぐる議論では，現代的な組織経済学を先取りしていた．だが彼は，多くの現代経済学者とは一線を画し，労働者の動機づけは金銭的インセンティブの創造とい

---

†）［訳注］著者はこの文脈で，"constitution"は憲法ではなく，複数のルールからなる一般的なシステムの意味で用いていることを強調した．

う問題にとどまるものではない，と考えた．つまり，金銭的インセンティブの問題に加え，今日では企業文化と呼ばれる価値の創造という問題をも含む，と考えたのだが，おそらく後者の企業文化の問題のほうが相対的に重要な意味をもっていよう．彼が記すように，「共通目的が実際に存在する，という信念を植えつけることこそ，本質的な経営機能にほかならない」(Barnard [1938], p.87)．

　かくして組織は，客観的なインセンティブの提供，心的状態の変化といったいずれかの方法によって，自らの存続に必要な努力を確保できる．これらの方法を組み合わせて利用していないどの組織も，実際問題として存立しえないように思われる．組織のなかには，客観的なインセンティブの提供を強調するものもある．——これは，ほとんどの産業組織に該当するだろう．他方で心的状態を重視するものもある．——これは，ほとんどの愛国・宗教組織に該当するだろう．　　　　　(Barnard [1938], p.141)

したがってチャンドラー的経営者ですら，何らかのカリスマ的要素を保持していなければならない．
　結局のところバーナードも，ある種のコンスティテューションを体化したものとして組織をとらえる．個人のモチベーションは，道徳律，行動ルールからなるヒエラルキーによってコントロールされる．バーナードにとって，「他者のために道徳律を創造すること」(Barnard [1938], p.279) がリーダーシ

---

6) 実際バーナードは，1950年代における会社人間の発明者としてだけでなく，政府と民間産業の境界を曖昧にするような経営理念を広めた推進者としても，しばしば描写されることがある (Scott [1992])．『ウォール・ストリート・ジャーナル (*Wall Street Journal*)』に最近発表された記事 (Jenkins [1997]) は，かつてはニュージャージー・ベル (New Jersey Bell) のプレジデント (社長) だったバーナードをベル・システム (Bell System) の「常駐イデオローグ」として描いているが，彼自身，「厄介な創造的破壊をおこすことなく，慎重で秩序に配慮しながら，技術，大企業の恩恵をもたらす究極のテクノクラート階級」というセオドア・ヴェール (Theodore Vail) のビジョンを普及させた．

ップの説得機能なのである．ここでの考察は，(実際に)カリスマ的支配は特定の道徳律，すなわち急速な変化に反応する——もしくは，急速な変化を率先して生み出す——うえで有効な，かなり単純で直接的な道徳律を創造することだ，というコールマンの見解から大きくかけ離れているわけではない．

　フィリップ・セルズニック（Philip Selznick）は，経済変化を導くうえでリーダーがはたす役割をより明確に強調しながら，類似の見解を示す（Selznick [1957]）．彼はバーナードと同様，コンスティテューションを体化するものとして組織をとらえている（p.10）[7]．さらにバーナードとよく似ているのは，経営者のリーダーシップに求められる１つの機能として，組織におけるミッション（使命）の策定，価値の浸透を指摘している点である（p.26）．だがバーナードのくだりから着想を得ながらも，リーダーシップが必要になるのは定型管理のためではなく，自ら「動学的適応（dynamic adaptation）」（p.34）と呼ぶ劇的な変化のためだということを強調する．すなわち，Selznick（[1957], p.36）が引用したバーナードのくだりをみてみよう．

　　コミュニケーション，管理のための道具を過大評価することで，リーダーシップはもとよりリーダーの育成すらも妨げられてしまう．こうした過大評価は一般的な状態の変化，もしくは確立した手続き，習慣的なルーティンの変化のいずれかを妨げてしまうため，目的，手段を新しい環境条件にうまく適応させるというリーダーシップの機能を妨害することとなる．さらに，有能な人材の成長を遅らせるばかりか，ルーティン性（定型性）を過剰なまでに重視することで，リーダーの育成を阻んでしまう．

---

7) この点でセルズニックは，経済学者が近年になって関心を向けるようになった組織のコンスティテューション（organizational constitution）という考え方（Gifford [1991]; Vanberg [1992]; Langlois [1995]）に先鞭をつけていたのは明らかである．実際，Knudsen [1995] が指摘しているように，セルズニックはそうしたコンスティテューション論だけでなく，現代経営理論の中核をなす「特異なコンピタンス」という概念についても先駆者とみなされる．

(Barnard 1948, p.240f)

　セルズニックにとって重要な問題は，リーダーシップの非ルーティン性（非定型性）にほかならず，リーダーシップという属人的要素そのものではない．属人的な人間味は，不活発な組織をより円滑に機能させていくのに一役買うだろう．だが真のリーダーシップは，組織が重大な意思決定を必要とするような「臨界的経験」に直面したときにこそ，姿を現すものなのである (Selznick ［1957］, pp.36-37)．

　一般的にインセンティブ・モデルしか開発していない新古典派経済学という無味乾燥な分野においてさえ，リーダーシップの合理性を示唆する知的努力の成果が多少なりとも見出される．変化し続ける世界のなかで発揮する適応力こそ，企業の理論的根拠にほかならないというのが，組織経済学の主な知見の1つであり，この知見の源流はナイト (Knight ［1921］)，コース (Coase ［1937］)，初期ウィリアムソン (Williamson ［1975］) にさかのぼる．(周知のように，とらえにくい考え方なのだが) 企業「内」で組織化された生産は，距離をおいた契約の利用にともなう取引費用を節約できるかもしれないので，相対的に効率的だとみなされうる．では，どこにリーダーシップが入り込む余地はあるのだろうか．私自身，ナイーブな解釈とみなす見解によれば，コース的な企業理論は集権的計画化を擁護したものだ，と理解できよう．つまり企業組織は，市場諸力に取って代わることで，必然的に意識的な資源配分を実行するようになる．コースが述べるように，「労働者がY部門からX部門へ異動するとしたら，その人は相対価格が変化したからではなく，命令をうけたからこそ異動するのである」(Coase ［1937］, p.387)．だが注意しておかねばならないのは，このコースの論文における説明はどれも，「計画化」を実行する組織の観点からではなく，命令する個人の観点から与えられたものだということである．経済学者が構築するのは，たいてい個人資本主義のモデルに限られる．このことは経済学的アプローチの限界なのかもしれない．だがかといって，複雑な組織を集権的計画化の例証とみな

す見解に信憑性を与えることにはならない．

　ナイトによれば，内部組織がすぐれたフレキシビリティを発揮できるのは，根本的な不確実性に特徴づけられた状況で企業家的判断が必要とされ，こうした判断を市場に委ねてしまうと多大な費用がかかってしまうことに由来する（Langlois and Coşgel [1993]）．なお，現代経済学者もよく似たストーリーを展開する．オリバー・ハート（Oliver Hart）の仕事（Hart [1989]）によれば，不確実な世界に契約の不完備性はつきものであるため，残余コントロール権——予測不能な状況で意思決定を行う権利——が必要になる．生産の所有構造は，どの主体が残余コントロール権を所有すれば，生産費用と取引費用の総和を最小化できるか，によって決まる[8]．ハートとその共同研究者は，こうした所有構造の問題を，特殊性の高い資産が存在する状況でのインセンティブの不整合の問題として定式化すべきだ，と主張しているが，この点はナイト，コースとは異なっていよう．しかし私見によれば，新奇性，変化が生じている状況で，残余コントロール権の所有者に協力主体のケイパビリティを再配置する権限が与えられる点こそ，現実的な論点にほかならない（Langlois [1992]）．すなわち，（コールマンが述べたように）劇的な変化はコンスティテューションの「カオス」状態をもたらし，具体的に明記された契約であれ，複雑なヴェーバー的官僚制であれ，高度に統合された構造であれば，どれもが多大な費用を要するようになる．変化が劇的であるほど（カオスが大きくなるほど），より多くの意思決定を「残余」というカテゴリーで行わねばならなくなる．そこでは，ある主体が命令を下さなければならない．またその主体が行う意思決定は，確立した手続き，ルーティン，契約規定だけに依存できないのは必至である．それは，独特な意思決定となるにちがいない．

　この見解を明らかにするうえで，またしても歴史が有用だろう．そこで，ヴェーバーの見解と親和性をもつ1つの事例に注目しよう．すなわち，ジャ

---

8) Barzel [1987] は，やや異なる視点からこれと同様の理論を提示している．

ン・カルバン (John Calvin) のスイス，その近郊のジュラ山脈を舞台に，4世紀以上もの年月をかけて時計産業が発展したことを描いた事例である[9]．

フリードリッヒ・ハイエクからニコラス・ハイエクへ

　カルバン主義は，ある意味でスイス時計産業の誕生をもたらした原因とみなされる．中世において宝飾職人，金細工師として名を馳せたジュネーブ人は，カルバン主義が醸し出す厳粛な風土のなかで，自分のケイパビリティを新しい分野に応用せねばならない，と痛感した．幸いにも，「贅沢な宝飾細工品を糾弾したその禁欲的な体制は，時計を特例として扱おうとしていた．もしカルバン派の人々が時間とその計測に関心をもたないとすれば，ほかに誰が関心をもつというのだろうか」(Landes [1983], p.232)．そうしたケイパビリティの再配置は，ヨーロッパの別の地でうけた宗教的迫害から逃れるためにやってきた移民のユグノー（カルバン派の新教徒）による指導のかいもあり，実現にこぎつけたのだった．

　16世紀の時計製造は，個々の作業場で行われており，熟練を要する職業だった．「完璧」な職人を尊ぶ中世的な理念があったにもかかわらず，作業場内では実際にかなりの程度まで分業が進展し，親方による監督の下でさまざまな徒弟，職人が専門的な活動を実行した (Landes [1983], pp.206-207)．ジュネーブは中産階級的な商工業都市として1601年にギルドの形成に着手したが，その頃までにはすでに時計産業は確立していた．ジュネーブのファブリック (*fabrique*) は，時計産業に一般的な参入制限を設けたのとは別に，移民とそのジュネーブ生まれの子孫すらも，この業界から締め出そうとした．時計産業が成功にめぐまれ，需要増にみまわれたことで，こうした参入

---

9) この事例には学術的関心がかなり寄せられてきたため，事実を組み立てていく作業は相対的に容易だとみなされる．しかし，われわれが議論しているテーマにとって，きわめて興味深いいくつかの出来事が近年になって生じているが，デビッド・ランデス (David Landes) の *Revolution in Time* [1983]『時間の革命』にせよ，最良の歴史解釈のほとんどは，それ以前の観察にとどまっているのが実情である．

制限によって，経済レントを目的にその抜け道を模索するというインセンティブが，意図せざる形で生み出された．その結果として，エタブリサージュ (*établissage*) というシステムが誕生し，その下で親方はギルドの構成員ではない（そのために安価な）城門外の下請業者に部品製造を外注した．やがてさまざまなタスク——たとえば，最終仕上げ，チューニングが施されていない時計の基本的なムーブメントであるエボーシュ (*ébauche*) の生産——の定型化が進展することになり，これらはフランス，サボイの近郊といった「オフショア」へと発注され，ジュネーブ向けに精密部品の組立が行われた (Landes [1983], pp.240-243)．

エタブリサージュの下での分業は，垂直分解の経路にそって進展し，距離をおいたコーディネーションに大きく依存していた．すでに 1660 年には，職人のなかにゼンマイの生産に特化する者も現れていたが，この産業は 18 世紀末には，約 30 の専門業者を擁するほどだった (Enright [1995], p.128)．アダム・スミスであれば予測できただろうが，個別部品にもとづく生産システム (*fabrication en parties brisées*) は，専門工具の発明をもたらすこととなった[10] (Jequier [1991], p.324)．

時計産業は 18 世紀後期には次なる発展段階に到達し，ジュネーブからジュラ山脈へと拡張していったが，このとき専門工具の発明がさかんになっ

---

[10] 実際にスミスは，「機械の改良，スキルの蓄積，仕事の適切な分割・配分が進展した結果」(Smith [1976], I.xi.o.1, p.260) として生じる生産性の改善が実質価格に及ぼす影響に関連した文脈で，時計製造についての簡潔な注釈を与えていた．彼が述べるように，材料として「粗金属」を利用する産業では実質価格の減少が「きわめて顕著」だった．「時計のムーブメントは 19 世紀中頃であれば 20 ポンドで買えたはずだが，現在はおそらくそれよりもすぐれたムーブメントを 20 シリングで手に入れられるだろう」(Smith [1976], I.ix.o.4, *loc. cit*)．さらにバーナード・マンデビル (Bernard Mandeville) も，スミスによる分業の解釈に影響を及ぼしたと思われるくだりで，時計製造について語っている．「時計製造は，その仕事の全工程が 1 人の人間によって完結していた場合よりも高い完成度にたどりついた．そして私は，置時計，腕時計が大量に生産され，その正確さ，美しさに磨きがかかったのは，主に時計製造の技術を数多くの部門へと分割したことに起因する，という確信を抱いている」(Mandeville [1924], part II, Sixth Dialogue, p.336)．

た．ジュラ山脈では，フランス近郊で均一なエボーシュの大量生産の仕方を学習したフレデリック・ジャピィ（Frédéric Japy）という人物の主導の下，標準化・機械化の技術を活用しながら，時計の生産に着手するようになった．ジュラ人も，ジュネーブ人と同じく専門工具にたよった．「ジュラ山脈の時計職人は，その先人だったジュネーブ人より一枚上手だった．彼らは，工具の購入・改良，独自の工具の発明に取り組んだだけでなく，（それぞれの時計職人が自分で行っていた）個人用工具の製造からはじまり，専門業者による一般販売向け工具の生産へとふみこんでいった．そうすることにより，ヨーロッパ大陸ではじめて設備部門を生み出したのだが，この部門はランカシャーに匹敵するほどのもので，新しい装置・技術の創造に寄与した」（Landes［1983］, p.261）．要するにジュラ山脈は，典型的なマーシャル的産業地域へと発展を遂げた．

　スイス時計産業の中心はジュラ山脈という地方へとうつっていったが，それにともないこの産業は，すでにジュネーブによってもたらされていた顕著な成功，際立った評判をいっそう高めていくことになった．1790年にはジュラ山脈における生産量は約5万個に到達するほどで，さらに1817年にはその2倍にふくれあがった（Enright［1995］, p.129）．このようなダイナミズムを生み出した原因は，おそらく時計産業の構造そのものに求められよう．「そうした構造は，実際にスイス時計産業の大きな強みの1つだった．つまり，何らかの時計，何らかの生産段階に特化した地元のファブリック，すなわち小部門が数多く集積した構造になっていた．必要なものがあれば，何でも，誰かが，どこかでつくってくれた．どれほど小さい数量でも，どれほど特殊な注文でも，対処してもらうことができた．その結果，時計産業はあらゆる市場のニーズを満たすことができただけでなく，新奇性をともなう実験ばかりか，他者が発明した成果の模倣・利用をも実現できた」（Landes［1983］, p.267）．

　スイス時計産業は，ランカシャー，シリコンバレーといった歴史的に重要な意味をもつ他のマーシャル的産業地域と同様，フリードリッヒ・ハイエク

が賞賛する分権化の便益（Hayek［1945］）に依存していた．この産業は多様性をもっていたため，単一の大規模組織とは比べものにならないほど多くの分散知識，暗黙知を有効に利用できた．また透過性をもっていたため，実験，適応，イノベーションを実現できた．さらにいえば，たいていの人々の考えでは，18世紀・19世紀のスイス時計産業は，シュンペーター的な「初期」資本主義の系統に位置づけられる経済進歩の1つの古典的事例としてみなされよう．たしかに（個人の）企業家精神がきわめて活発に働くことで，（勃興したジュラ山脈がジュネーブを凌駕した事実にみられるように）古い構造の創造的破壊が実現したのだが，産業進化の基本的なパラダイムの変更にはいたらなかった．初期のスイス時計産業史がシュンペーターによる企業家の説明にどれくらいうまくあてはまるかは，後で立ち返るべき問題である．ここで注意しておきたいのは，当時のスイス時計産業において，シュンペーター，チャンドラーの意味での「合理化」——大規模垂直統合型企業として進められる組織化——ではなく，まちがいなくヴェーバーの意味での合理化が進展していたということである．この産業が世俗，合理的な目的を志向していたのは明白である．スイスの時計職人は，集団として伝統にしばられることはほとんどなく，利潤が見込まれるとわかれば，新しい考え方を積極的にうけいれた．

　伝統主義がスイス時計産業で何らかの役割をはたしていたとすれば，それはヴェーバーの意味での伝統主義ではなく，むしろネルソンとウィンターが主張するように，特定の生産スキルを志向した習慣，ルーティンにもとづく伝統主義にほかならない．Jequier［1991］が1つの典型的な企業として取り上げた，ル・クルト（Le Coultre）家の説明をつうじて明らかにしたように，新しい方法・技術の導入を図るうえで，伝統を重んじる父親の保守性を打破すべく，親子間の争いを余儀なくされるケースが代々みられ，子が公然と家と袂を分かち，新たに事業を立ち上げるほど深刻な事態にいたることも時折あった．しかし産業地域という高次のシステム内では，産業構造の抜本的な変化が生じることなく，古い技術が姿を消し，新しい技術がそれに取っ

て代わりうる．Tushman and Anderson [1986] の用語を用いれば，機械化を含めたイノベーションは産業地域全体にとってコンピタンス拡張的なのであって，通常このことは産業地域を構成する家族企業にすらあてはまる．Jequier [1991] が述べるように，19世紀中頃までは，「分業をはじめ，労働者の手足で動かす初期的な機械の導入は，ジュラ山脈の労働者コミュニティにとって何の脅威にもならなかった」(p.325)[11]．

手動機械から機械工具をへて自動機械へとつながっていった変化は，作業場と家庭の分離ばかりか，最終的には工場の建設をも必要としたため，やや破壊的なものだったとみなされよう (p.326)．だが結局のところ，こうした変化によって大きな成功がもたらされた．そうした変化は外部の競争諸力によって促されたという面をもつが，とくに外部の競争諸力という点ではアメリカ企業の勃興に着目せねばならない．アメリカ企業は，大量生産，マーケティング関連のイノベーションの活用に特徴づけられた，いわゆるアメリカン・システムを採用した．だが同時に，スイス時計産業が進んでいた軌道にはすでに機械化の特徴がみられたのであって，しかもこの産業はマーシャル的産業地域の特徴をもつ結果，その得意分野でアメリカ企業を凌駕することができた．

時計製造におけるアメリカ企業の挑戦を扱ったストーリーは，チャンドラー的な模様として，時計産業史というタペストリーに彩りを添える．というのも，アメリカ時計産業は，*The Visible Hand* [1977] で論じられた他の数多くの産業のパターンより，やや規模が小さかったものの，一応このパ

---

11) 対照的に，ジュネーブの熟練工はより組織化されており，1842年に設立された時計ケース労働者協会 (Association of Watchcase Workers) は分業の変化を妨げていた．だが，新しい機械を利用したさまざまな工場が個々に設立されるという結果がもたらされた．Jequier [1991] が述べたように，「ここでわれわれは，スイスの時計製造に確認される特徴をもう1つ記しておこう．すなわち，新しい生産プロセスが出現したからといって，古い慣行が排除されたということはなく，通常は新旧2つのシステムが並行的に機能していたのであり，このことは，当該部門には職業，産業の次元で顕著な異質性が存在したことを物語っていよう」(p.325)．

ターンにしたがっていたからである．つまりアメリカは，熟練労働者の人材プールばかりか，（スイスの時計製造に代表される）ヨーロッパの多くの産業が利用できた既存組織のネットワークを欠いていたので，垂直・水平統合型組織の内部で経営をつうじて新しいケイパビリティを創造しなければならなかった．そしてアメリカ企業は，既存のスキルを欠いていたので，人的資本を物的資本によって代替した．あるいはより教示的に述べれば，限界において，スキルの所在を労働者ではなく，機械，生産組織に求めた．この点こそ，まさにアメリカン・システムが成し遂げようとした課題にほかならない．すなわち，部品に互換性をもたせる（あるいは，部品の互換性を高める）とともに，このように標準化した部品を大量に生み出せるような「スキルを体化した」機械を利用することによって，熟練に依存した調整の必要性を減らしていく，という課題である（Hounshell［1984］）．われわれは，そうした部品は喧伝されているのとはほど遠く，それほど互換的ではなかったということを，今となっては理解している（Clarke［1985］; Hoke［1989］）．だが，アメリカ企業はこうしたアプローチを選択したため，機械化の促進にとどまらず，敏速な生産性の改善をも志向する技術軌道を歩むことになった．したがって結果的に，この軌道上にない競争相手（たとえば，イギリスのいくつかの産業）にキャッチアップできたばかりか，それらを凌駕することもできた．だが後述するように，このアプローチはスイス時計産業にはそれほどうまく通用しなかった．

時計製造におけるアメリカン・システムの代表例として，ウォルサム・ウォッチ・カンパニー（Waltham Watch Company：以下，ウォルサム）がある．生産にかんしてこの企業は，当時の時計産業で用いられていた比較的用途の広い機械工具から，特殊目的にしぼった大量生産装置への移行を志向した．外部の工具メーカーでは許容誤差の要件をなかなか満たせなかったこともあって，ウォルサムはしばしば自社独自の機械を発明しなければならなかった（Landes［1983］, p.315）．その成果は目をみはるほどのものだった．この企業は1877年には年間約60万個の時計を生産していたが，それまでの累

積生産量は約1,000万個にも及んだ．さらに，1876年にフィラデルフィアで開催された建国100周年記念博覧会では，アメリカ製の時計，その製造についての展示が行われたのだが，そこに訪れたスイスの時計業界代表団はその出来栄えをみて，自国製品と同等，あるいはそれ以上の品質であることを悟り，大きな衝撃をうけたものだった（Landes［1983］, p.319; Jequier［1991］, p.326）．ウォルサムのオペレーションは高度な統合型構造に依存していたが，このことはスイス時計産業と著しい対照をなしていた．1つの解釈によれば，このようなオペレーションは，（かならずしもヴェーバー的な合理化だとはいえないにせよ）フォーマルな大規模統合型組織への発展を表すチャンドラー的な合理化とみなされよう．この解釈にしたがうと，ウォルサムは，19世紀後期，20世紀初期にみられた他の数多くのアメリカ企業と同じく，代替した市場より本質的にすぐれた組織構造を象徴していたからこそ，成功したのだと考えられる．だがもう1つの解釈によれば，ウォルサムの組織構造はその形態特有の優位性というより，アメリカに分布していた既存のケイパビリティの不適切さを反映したものだと考えられる．アメリカの人々は，生産プロセスをシステム的に改革する必要があったのに加え，外部サプライヤーのネットワークがうまく整っていなかったため，実際に利用できる最善の選択肢として統合に依存せざるをえなかったのである（Langlois and Robertson［1995］）．

　時計製造という特殊な事例についていえば，分解型のスイス時計産業はアメリカの脅威にたいして迅速に対応した．Jequier［1991］が述べるように，「必然的な抵抗だったにせよ，進取の精神が姿を現した」（p.326）ばかりか，スイスの時計メーカーは，新しい工場の建設に着手するとともに，アメリカで使用されていたものと同種の機械装置を導入しはじめた．家内労働が占める割合についてみてみると，1870年にスイスで時計製造に従事していた労働者3万5,000人のうち4分の3だったが，1905年には同じく5万人以上のうち4分の1にすぎなかった（p.326）．にもかかわらず，スイスは19世紀末頃に時計の技術・市場にかんする主導権を奪い返したが，この頃ですら，ア

メリカ時計産業と比べて垂直統合度はかなり低いまま，アウトソーシングにかなり依存し，時計製造に従事する企業の数はアメリカの十数社にたいして数千社にも及んだ（Landes［1983］，p.323）．一方，ウォルサムの高度な統合型構造はオペレーションの確立に貢献したものの，オペレーションの定型管理にはそれほど役立たないことが判明し，この企業はプリンシパル・エージェント問題のせいで，事実上破綻してしまった（pp.329-334）．ウォルサムより経営状態が良好だった競合他社ですら，次々とスイス時計産業におされて衰退していった．実際にウォルサムばかりか，アメリカ国内でこの企業と長きにわたって競合関係にあったエルジン（Elgin）は，ともに現在ではスイス資本による所有に服している．

1910年には，スイス時計産業が世界を支配していた．

> スイス企業は，コスト競争力，すぐれた生産能力，精度の高さ，細部・スタイルにたいする並々ならぬこだわりによって，輸出産業だったこの精密機器産業を支配した．垂直統合型の部品メーカーは，大量生産をつうじて規模の経済を実現した．この便益は，低コストのムーブメントをつうじて時計メーカーに還元された．スイス時計産業の最も労働集約的な局面についてみてみると，組立・ケース製造の垂直分解型システムが間接費を低く抑えるのに寄与していた．　　　　　　　　　　（Glasmeier［1991］，p.471）

だが，このように都合のよい状況は長続きしなかった．第1次世界大戦後の数年間にわたり，所得水準の低下，保護主義による貿易障壁の引き上げ，大規模なロシア市場の消失といった事態が生じた結果，スイス時計の需要は激減してしまった（Landes［1983］，pp.326-327; Glasmeier［1991］，p.471）．スイス時計産業は収入の安定化だけでなく，（この事例では重要な意味をもつ）シャブロナージュ（*chablonnage*）という慣行──保護主義的な障壁をもうけ，自国における時計産業の創出をもくろむ国々にたいして部品を輸出するという慣行──の中止を図るうえで，世界中の他の多くの産業と同じく，カルテ

ルの形成によって対応した．1924 年に時計メーカーは，利益保護を目的として時計製造者連盟（Fédération Horlogère）を設立した．1926 年にはエボーシュを生産する 17 社のメーカーが統合し，エボーシュ S. A.(Ebauches, S. A.) というトラストを設立した．さらに同年，部品メーカーは UBAH (Union des branches annexes de l'horlogerie：時計部品製造者組合連合会) を設立した．これらの業界団体は，1928 年にはカルテル協定を結び，生産，価格設定，輸出にかんする一連の政策を設けた．とりわけ UBAH のケースでは，シャブロナージュ関連の政策がとられた（Landes［1983］, p.327; Enright［1995］, p.130）．

だが通常，民間レベルのカルテルにみられるように，そうしたカルテル協定は不安定だということが判明したが，このことは大恐慌の打撃をうけた直後になって顕著に現れた．そこで，連邦政府が介入することになり，さらに銀行業界の援助が行われることで，ASUAG というドイツ語のアクロニムにちなんだ名前の巨大持株会社が設立されるにいたった．この持株会社は，数多くの部品メーカーをはじめ，エボーシュ S. A.の過半数株式を取得した（Landes［1983］, p.328; Glasmeier［1991］, p.472; Enright［1995］, p.130）．エボーシュ S. A.はただちにシャブロナージュの中止にふみきった．1934 年に連邦政府は，カルテルの総仕上げとして，法律を制定するというさらなる便宜を図った．Landes（［1983］, p.328）の評価によれば，この法律は歴史上比類なきほど強大だった．つまり，生産量について細かく規制するのはもとより，本質的には部品の輸出入をも禁じ，さらには時計製造機械の輸出すらも禁じた．さらに ASUAG にいたっては，破綻しかけた部品メーカーの買収・資金援助に手を染めるようになっていった．

スイス時計産業は，1930 年代後半には回復期に入っていた．カルテルにたよったとしても，レントが存在しないところでレントを創出することは事実上不可能であるため，まぎれもなくその復活劇は，大恐慌の終息，第 2 次世界大戦の開戦といった時期をすぎた頃に，時計需要が再び活気づいてきたことと関係があるのであって，カルテルの形成とはほとんど関係がなかっ

た．戦時中，中立国の立場を貫いたスイスは，連合国，枢軸国の両陣営に物資を供給できた．そして戦後，アメリカと酷似した立場におかれていることに気づいた．つまり，第2次世界大戦により荒廃した只中で，無傷のまま競争の舞台に立てる国は，他にほとんど存在しなかった．1970年代初期にドイツと（とくに）日本の産業が復興を遂げるまでは，アメリカのようにスイスも，獲得したレントに依拠できるほど有利な境遇におかれていた．

戦後，アメリカは1つの脅威をもたらした．1940年代のことだが，ジョアキム・レームクール（Joakim Lehmkuhl）という名のノルウェー移民は，戦争遂行努力の一環としてヒューズを製造するという目標を掲げ，ほとんど休眠状態のウォーターベリー・クロック・カンパニー（Waterbury Clock Company）を買収した．終戦時には，安価な機械式時計の製造に着手するために，最新のアメリカン・システムにもとづいてこの企業の建て直しを図ったが，その際，新開発の金属素材を生産工程に取り入れるとともに，宝石店を避けて安物雑貨店を利用するというマス・マーケティング方式を採用した（Landes［1983］, p.339）．この企業のブランドであるタイメックス（Timex）の時計は，アメリカ市場を席巻するのにとどまらず，ヨーロッパ市場にも進出した．だがスイスにしてみれば，このような事態はかつて経験したことのある試練だった．すなわち，不活発なカルテルという構造的特徴をもつスイス時計産業でも，最終的には対処できる類の試練だった[12]．しかし1960年代後期，1970年代初期には，これまでほとんどなじみのなかった領域──エレクトロニクス──に端を発した，真の試練にさらされることとなった．

基本的に時計は発振器にほかならず，このことは機械式時計にすらあてはまる．つまり，時間の調速のために振動を利用している．20世紀中頃には

---

12) だが実際のところ，スイスはこの試練に対処しようとはしなかった．市場シェアは戦後80％という高い数字を記録してから，1970年には40％へと低下していったが，総需要は急成長していたため，設備稼働率，利益はともに高い水準で推移した（Enright［1995］, p.133）．

固体電子工学のおかげで，さまざまな発振器が製造できるようになりつつあったが，その1つとして，交流電圧によって正確に規則的な振動を生み出す圧電体である，水晶を用いた発振器がつくられた．1960年代後期にはマイクロエレクトロニクスの進歩によって，電動式の小型ステッピングモータを駆動させるマイクロコントローラを較正するのに（クオーツのような）水晶振動子を利用できるまでになった．実際にLED (light-emitting diode：発光ダイオード)，液晶ディスプレイに電子式ムーブメントをつなげられるようになったので，機械部品はまったく不要になった．このようにしてクオーツ時計は誕生をみた．こうした変化は，実現までに10年近い年月を要したのだが，スイス時計産業の視点からみれば，かつて経験した変化と比べて，かなりコンピタンス破壊的であることが判明した．スイスは，アナログクオーツ時計関連のケイパビリティを数多く保有していたが，そのコア・コンピタンスとでもいうべき機械式のエボーシュは，水晶，回路，モータによっておきかえられてしまった．

　こうしたエレクトロニクスの挑戦にうまく対処できなかったスイス時計産業は，産業慣性を示す1つの代表的な事例とみなされる．正確で信頼に足る機械式時計を，あらゆる価格帯で生産するためのさまざまなケイパビリティからなる調整の行き届いたシステムだった．しかし，ある用途に適したケイパビリティをもつとしても，そのケイパビリティが別の用途に適したものではないというのは，当然の帰結だった．先の代表的な事例でいえば，クオーツの旗印を掲げていたのは，エレクトロニクス・電気機械組立分野で適切なケイパビリティをもっていた企業——アメリカ企業はもとより，日本企業が際立っていた——にほかならない．少なくとも当初，スイス企業はクオーツの脅威を軽くみていたが，それはたいていの脅威と同様，未来の予測というより過去の回想によってはっきりと理解できるものだった．競争圧力が高まりはじめたとき，スイス時計産業がとった対応は，機械式時計製造の生産性を一挙に改善することだった．Landes［1983］が記すように，「こうした改善は，かつて支配的だった技術に広く確認できる特徴の1つである．つま

り，スイス時計産業は陳腐化という厳しい宣告をうけ，自分たちにしてみれば，最大規模とみなされるいくつかの改善に取り組んだ．帆船の輝かしい時代も，蒸気が出現した後にやってきたではないか」(p.351)．しかし，改善の規模が小さすぎただけでなく，改善のタイミングも遅すぎた．クオーツ技術を携えたシチズン，セイコーといった企業は，安価なだけでなくきわめて正確でもある時計をつくることができた．

　スイス時計産業が分権性をもち，マーシャル的な外部経済に依存していたことは，コンピタンス破壊的な変化に直面したにもかかわらず，慣性を生み出した原因とみなされるのかもしれない (Glasmeier [1991])．だが，カルテルという硬直的な構造も，幾分かの慣性をもたらしていたにちがいない (Maurer [1985])．カルテルは，輸出入を制限するとともに，生産してもよい製品の種類・数量を厳しくコントロールすることによって，イノベーションにたいするインセンティブを抑制してしまい，かつては透過性をもっていた構造を封鎖することで，新しいアイデアを阻害した．マイケル・エンライト (Michael Enright) が記すように，「結果としてスイス時計産業は，活気にみちた分権的構造が生み出す効率性，ヒエラルキーが生み出すコーディネーションの優位性のどちらも享受できなかった」(Enright [1995], p.133)．スイスの時計輸出量は，1974 年の 8,400 万個をピークとして，1980 年には 5,100 万個へと減少した．日本の場合，1974 年には 1,900 万個未満だったが，1980 年には 6,800 万個超へと急増した (Landes [1983], pp.388-389)．同時に，スイス時計産業の雇用者数はほぼ半減したのにたいして，時計製造に従事する事業所数は半数未満にまで大幅に減少した (Landes [1983], p.353; Enright [1995], p.133)．

　だが，これでストーリーは終わらない．スイス時計産業が奈落に沈んでいた 1980 年代初期に，大規模な業界再編が進められることになったが，おそらくそれは驚きに値する試みだったとさえいえよう．その頃までには，主要な家族企業——「時計貴族」——の持分は低下してしまい，変化に抵抗できなかっただけでなく，抵抗しようという意図すらもそがれた状態になってい

た．そして銀行は，数億フランにも及ぶ債権放棄に応じてきた経緯もあり，深刻な事態を免れたい，と考えた（Enright [1995], pp.133-134）．1981年に銀行は，エンジニアで経営コンサルタントでもあったニコラス・ハイエク（Nicolas Hayek）と契約を結び，時計業界が抱える問題に打開策を見出すよう求めた（Taylor [1993], p.99; Zehnder [1994], p.4）．統廃合をつうじた抜本的な業界再編．これこそ，彼の提案にほかならなかった．銀行はハイエクの提案をうけ，1983年に連邦政府，州政府の支援でASUAGとSSIHの合併を実行した．1930年代に設立されたSSIHも代表的な持株会社だった．新たに誕生した合併企業は，SMH（Société Suisse de microélectronique et d'horlogerie：スイス・マイクロエレクトロニクス時計総連合）と呼ばれた．日本企業が莫大な金額を提示してきたこともあって，銀行はSMHの主要ブランドの1つであるオメガ（Omega）の売却案を漠然と抱いた．ハイエクは，売却に反対の立場をとるとともに，業界再編によって誕生したこの合併企業には成功の見込みがあるばかりか，スイスを生産拠点としてあらゆる種類の時計を競争的に生産することが実際にも可能だ，と力説した．逆に銀行は，ハイエクにたいして自分の発言の正しさを行動で証明するよう強く求め，それに応じて，彼をはじめその支援者からなるコンソーシアムは迅速に動き出したのだった（Taylor [1993]; Zehnder [1994]）．

　指揮をとることになったハイエクはその合併企業の組織再編に早速取りかかったが，こうした再編劇はスイス時計産業の大部分にまで広く及ぶものとなった．彼は，ETAと呼ばれる部門に製造を一元化したうえで，既存のケイパビリティの整理に加え，マイクロエレクトロニクス分野における新しいケイパビリティの開発にも取り組んだ．とくに，時計に用いられる特殊な1.5ボルトの集積回路の開発に力を入れた．さらに，ブランドにもとづいてマーケティングの再編・分権化を図り，それぞれのブランドに独自のアイデンティティと「メッセージ」を付与した．スウォッチ（Swatch）というローエンド・ブランドが生み出されたことが，そのマーケティング戦略の最も顕著な成果となった．ミラノにあるデザインショップでは，年に500種類

にも及ぶモデルが生み出されるようになった．これらのモデルのなかから70種類が製品化のために選択され，67秒に1個，つまり1日に約3万5,000個のペースで製造が行われた（Taylor［1993］, p.104; Zehnder［1994］, p.8）．1991年までに，1億個を上回る数のスウォッチが販売された（Enright［1995］, p.135）．こうした組織再編によって目を見張るようなターンアラウンド（経営再建）が達成され，1983年には売上高11億ドルにたいして1億2,400万ドルの損失が生じたが，一転して1993年には売上高21億ドルにたいして2億8,600万ドルの利益を出すまでになった（Taylor［1993］, p.99）．SMHは，1991年に世界最大の時計メーカーとなり，スイス時計産業全体でみた売上高の約3分の1，雇用者数の4分の1といった割合を占めるほどの支配力を得た．そして1992年には，世界市場の10％を支配するまでになった（Zehnder［1994］, p.3）．

個人資本主義の妥当性

　このストーリーは，企業家精神，合理化についてどのような示唆を与えてくれるだろうか．たしかにそのストーリーの大部分には，おなじみのチャンドラー的なニュアンスがかいまみえる．エタブリスール（*établisseur*）にはじまり，マーシャル的産業地域における生産の機械化にいたるまで，事業は個人・家族の活動として営まれてきた．しかしこうした状況は，1920年代にはじまったトラストやカルテルの形成を機に変わりはじめ，スイス時計産業は，十分に統合された垂直統合型の現代株式会社へと最終的にはつながっていく合理化の経路にそって，（かなりゆっくりと）発展を遂げることになった．エンライトがSMHの生成にかんして記述するように，「スイス時計産業の一般的なコーディネーションのあり方は，市場からカルテルへ，そして近代的な企業経営へと変遷してきた」（Enright［1995］, p.137）．こうした流れは，チャンドラーがアメリカ産業の大部分で観察した一般的なパターンと合致していよう．

合併によって成長を遂げた企業はほとんどすべて，同じ経路をたどったといってよい．こうした企業の連合体は，数多くの中小メーカーによって形成されたカルテルを管理する業界団体としてはじまった．そして，合併の結果として法的に単一の企業体とみなされるようになり，トラストないし持株会社の形態をとった．法的な合併に続いて，経営の集権化が行われた．合併企業を統治する取締役会は，構成会社の生産設備の合理化を進めるとともに，拡張した数多くの工場群を単一の本社をつうじて管理した．最終段階は，マーケティングの前方統合，購買や原材料・半製品のコントロールに向けた後方統合を行うことだった．この最終段階を成し遂げる頃までに，合併企業はロワー，ミドル，トップといった一連の経営者を雇用し，彼らにたいして，多数の事業単位の活動のみならず企業全体の経営・モニタリング・コーディネーション・計画化を委ねた．この頃までには，原材料のサプライヤーから最終消費者へといたる流れをコーディネートするうえで，経営者のみえる手が市場のみえざる手に取って代わるようになった．
　　　　　　　　　　　　　　　　　　　　　　　(Chandler [1977], p.315)

　この説明によれば，SMH の出現は，おなじみのチャンドラー的な戯曲における最後の一幕として位置づけられる．
　つまり，以下に示す1つの解釈が可能になろう．すなわちスイス時計産業史は，シュンペーターが描き出した「合理化の進展」とうまく合致する．スイス時計産業史の前半部分は，シュンペーター的な「前期」資本主義を物語るものであり，そこでは個人企業家が成長の原動力となっている．しかし，その後半部分でのチャンドラー的な展開は，シュンペーター的な「後期」資本主義への転換を示し，そこでは集団的企業[†]が属人的要素を凌駕する，と．
　読者は気づいているかもしれないが，私はこの解釈を単にまちがいとみな

---

†）　[訳注] 著者によれば，個人ではなくチームによる生産が行われている企業を意味する．

しているのにとどまらず，まちがった方向への後退ともとらえている．スイス時計産業のストーリーは，（留保をつけなければならないものの）チャンドラー的なパターンと合致するのかもしれないが，シュンペーター的なパターンとはまったく合致しないというのが，私の主張である．換言すれば，1980年代のスイス時計産業の転換は，まさに個人のカリスマ的リーダーシップにまつわるストーリーにほかならない．

　第1の問題はきわめて明白だが，業界再編の責任を負っていたのは組織ではなく，あくまでも外部の個人だったということである．真のイノベーションには水平・垂直分業の再編・計画化（これらは同一視できないかもしれない）がつきものだ，と主張した点でラゾニックは正しい[13]．だが，スイス時計産業の事例で再編の根源となったのは，「組織ケイパビリティ」ではなかった．どんなに注意深く考えぬいてみたところで，既存のパラダイムを超える認知的飛躍をもたらしたのは「集団的」なビジョンではなく，やはり個人的なビジョンだったのである．実際にそうであったように，SMHが組織ケイパビリティを所有するようになったのであれば，こうした組織ケイパビリティは，イノベーションの原因ではなく結果だったと考えられる．さらにSMHの設立・組織化は，チャンドラー的な説明が示唆している以上にかなり多くの個人資本主義的な要素を映し出す．まずハイエクは，所有者であって経営者ではない．ハイエク自身が述べているように，「私は，投資家の資金に加え自己資金をも危険にさらしたのである．われわれのグループが過半数株式を支配している事実は，他の人々ではおびえて実行できない大胆な意思決定を行いうることを意味する」（Taylor［1993］, p.110）．だがこの企業は，他の点でも属人的要素をもちあわせている．企業家精神というありきたりのレトリックの価値を割り引いても，ハイエクがごく一般的な意味でカリスマ的だ——『ハーバード・ビジネス・レビュー（*Harvard Business Review*）』（Taylor［1993］, p.99）は，彼のことを「実業界における正真正銘のセレブ

13）　企業内での「計画化」という概念については，Langlois［1995］を参照．

リティ」と呼んだ——というのは明白な事実であり，おそらくヴェーバー的な意味でもカリスマ的だとみなされよう．ここで，ハイエク自身の言葉に注目しよう．

> 率先垂範すると同時に，若い経営者にたいして人的・情緒的な支援を与えていくことは，きわめて重要である．自分が真の友人であることを示すことによって，人を動機づけ，人に報酬を与えさえすればよい．情緒的なつながりを構築する必要もある．従業員を本当に気遣うとともに，自分が彼らにとって頼りがいのある存在であることを示さなければならない．経済的に困っている人がいるとき，私はその人をお払い箱にするどころか，すぐにその人のところにとんで行き，手を差し伸べるだけでなく，状況を好転させるべく後押しするよう心がけてもいる．その意味で私はリーダーなのであって，そのリーダーシップたるや，標準という枠からはみ出している．
> (Zehnder [1994], p.9)

ここでの経営者のみえる手は，「ある種の情緒的なコミュニティの関係」(Weber [1947], p.360) に依存しているように思われる．

だが SMH は，どのように創造されたにせよ，もはやチャンドラー的な系統にそった垂直統合型の官僚制組織ではないのだろうか．こうした組織は，それが取って代わったマーシャル的産業地域にたいする優位性をもたらす源泉ではないのだろうか．別の論文 (Langlois [1992]) で論じたように，集権化の便益は，既存の構造を管理する能力ではなく，変化を生み出す能力に求められる．集権的構造が集権的であり続ける理由は，経路依存性のためだけではなく，よく知られている静学的取引費用のためでもある．しかし，いったん集権的組織がうまく確立してしまうと，こうした組織の内部でも分権化にたいする避けがたい要請がたちまち姿を現すようになる．このことはたしかに SMH にもあてはまり，この企業には 211 ものプロフィット・センターがある[14]．組織構造にかんするハイエクの見解をみてみよう．

組織構造は，これまでの発明のなかで最も非人間的なものである．われわれが人として有する人間性とは真っ向から対立する．だからこそ，われわれは明確な境界・目標を設定する．われわれが抱えている複数のブランドは，相互に独立した形で機能している．オメガ，ラドー，ティソの人々は，それぞれ独自の社屋で働いている．それぞれ独自の経営陣を擁している．しかも，独自のデザイン，マーケティング，コミュニケーション，流通を実行する責任を負っている．彼らは，SMHという企業全体にとどまらず，それぞれのブランドとも情緒的なつながりをもっている．私は，ラドーの人々がラドーを愛することを願ってやまない．そして，ロンジンの人々には彼らのブランドを愛してほしいのである．　(Taylor [1993], p.110)

　実際にSMHが試みた統合の多くは，チャンドラーが「防御的」と呼ぶタイプ，すなわち他にムーブメントの生産を行っているのは，セイコー，シチズンという2社しか存在しない世界で，生産プロセスの大部分をコントロールすることを目的とした所有の統合に特徴づけられたタイプなのである (Taylor [1993], p.109)．
　しかしこの事例は，企業家精神はつねに企業の外部から生じるということを証明しているのだろうか．あるいは，組織はイノベーションの源泉になりえないということを証明しているのだろうか．たしかに，1つの事例だけで決定的なことはいえない．ただしこのストーリーは，組織社会学，経営学の双方から導かれる理論的結果を強化する．

---

14)　さらにSMHは，かなり統合度の高い構造を有しているが，それと同じくらい市場への埋め込みも進んでいる．そしてスウォッチの成功は，おそらく地域特有の外部ケイパビリティに起因する部分もあるだろう．とくに（プラスチック・ケースの）射出成形技術，自動組立技術は，スイス特有のものだった (Taylor [1993], p.107)．実際ジュラ山脈は，今日でもいまだマーシャル的産業地域の姿をとどめており，時計製造のカテゴリーを超えて，より一般的なマイクロ技術への多角化を進めてきた (Maillat *et al*. [1995])．

すでに確認したことだが，Coleman［1990］が示唆したように，ニコラス・ハイエクが有していたカリスマは，実際に権限の「合理的」な類型とみなされるのであって，危機，劇的な変化といった状況でとりわけ重要な意味をもつ[15]．またミシェル・クロジェ（Michel Crozier）も有名な官僚制研究のなかで強調するように，組織変化を導くうえで，危機こそ重要な意味をもつ．クロジェの見解をみてみよう．

　官僚制組織の変化はトップ・ダウンによって生み出され，普遍性をもつにちがいない．普遍性とは，つまり組織全体を一挙におおいつくしてしまうことをさす．変化は徐々に生じるものでもなければ，断片的に生じるものでもない．重大な逆機能に付随して深刻な問題が生み出されるまで，変化が生じることはないだろう．そして，変化をめぐって高次の階層で議論がまきおこり，意思決定が行われ，変化は組織全体にとどまらず，逆機能が深刻にうけとめられていない領域にすらも適用されるようになろう．…危機は，また別の意味で重要だとみなされる．すなわち，他の行動パターン，他の集団的関係――一時的かもしれないが，きわめて重要な意味をもつもの――を具現する．危機の状況では，個人のイニシアチブが幅をきかすことになり，やがて人々は戦略的な個人の恣意的な思いつきに左右されるようになる．
　　　　　　　　　　　　　　　　　　　　　　　（Crozier［1964］, p.196）

すなわち官僚制は，ルールの遵守から一時的に逸脱して恣意的な権限に立ち戻ることにより，危機に対応するのがつねである[16]．したがって，統合されたヴェーバー的な官僚制組織の内部で（やや）劇的な変化が生じるとす

15）　同様にピーター・テミン（Peter Temin）は，ヴェーバーとよく似た仕方で行動の三分法――合理的行動，伝統的行動，命令的行動――を提示している（Temin［1980］）．テミンは，人々は異なった時間・場所で，異なった様式にしたがって行動すると論じる．私見によれば，企業家精神は命令的行動の一例とみなされるもので，劇的な経済変化・機会に直面したときに有効なのである．

れば，それはシュンペーター的な企業家精神の認知・権限構造を模倣した結果とみなされる[17]．

われわれは，これとよく似たストーリーを経営学の文献に見出すことができる．たとえば，Hamel and Prahalad［1994］の研究成果を考えよう．彼らは，1990年代には大きな影響力をもつグルとみなされていただけでなく，経営の組織ケイパビリティ論を唱えるグルのなかでも最も強力な主唱者でもあった．経営学者にとどまらずコンサルタントとしても活躍しているので，イノベーションは企業境界の内部で生み出されているか，あるいは生み出されるべきなのか，という問題より，どのように企業を革新的にするか，という問題に主たる関心を向けている．したがって彼らは，革新的組織を追求している．たしかに，組織はある次元でみれば革新的たりうる．たとえばNelson and Winter［1982］ですら，企業はルーティンによって拘束されてしまうかもしれず，そのルーティンのなかには，新しい低次のルーティンの探索を統治するような「高次」のルーティンもありうると考える．にもかかわらず革新性は，新しいルーティンを求めて行われる機械的な探索以上のものを必要とする．ハメルとプラハラードによれば，本質的に革新性は企業にたいして市場特性をより多く取り入れていくよう求める．つまり，フリードリッヒ・ハイエクが賞賛した遺伝的多様性（genetic diversity）を開発していかねばならない．彼らが記すように，「自然界において，遺伝的多様性は意図せざる突然変異によって生み出される．企業でこれに該当するのは，スカンクワーク（独立型の秘密研究開発プロジェクト），イントラプレナーシップ（社内企業家の育成），スピンオフ（分社化），その他のボトムアップ型

---

16) クロジェの説明によれば，こうした権限は，対面的であるという点で，もしくはヴェーバー的な意味で厳密にカリスマ的であるという点で，属人的とはみなされないにせよ，ヒエラルキーのトップに君臨するある個人の意志を反映しているという点で，「属人的」とみなされる．
17) そして，Berliner［1976］がソビエト産業の研究で指摘しているように，個人のイニシアチブの発揚を不可能にしてしまう官僚制は，イノベーションをも不可能にしてしまう．

イノベーションといったものである」(Hamel and Prahalad [1994], p.61). だが結局，彼らもクロジェと同じく，最も劇的な変化はトップダウンによって生み出される，と理解している．つまり，シュンペーター的な企業家のビジョンが必要となる．「トップ・マネジメントは未来図を発展させ，明確に表現し，共有する責任を投げ出してはならない．スカンクワーク，社内企業家だけではなく，会社がもつ既存の『自己概念』に由来する正統な慣行にしばられないシニア・マネジャーが求められている」(p.87). まさにその一例が，ニコラス・ハイエクの「クレイジー（常識はずれ）」なビジョンにほかならない．彼は，低価格の時計を製造するという局面で，スイス企業は日本企業と互角にわたりあえるはずだ，という未来図を示したのだった (pp.98-99).

　もちろん，経済学者はやや異なった視点を採用しているため，既存組織の内部ではなく，新しい企業，企業グループ，もしくは広義の「市場」で変化が生じる可能性をうけいれられよう．たしかに部分的にはあてはまるとしても，あらゆるイノベーションが既存組織の「リエンジニアリング」によって生まれると断じる理由はない．実際にイノベーションは，既存企業の認知範囲から遠ざかるほど，新しい組織で生み出される可能性がより高まっていく，という主張もある．この点については，凹凸のあるランドスケープ (rugged landscape) の経済学 (Levinthal [1992]) による描写を用いて理解できよう[18]．適切に定義された空間における「ピーク（頂点）」としてイノベーション機会をとらえれば，既知のピーク上に位置する主体は，近視眼的な探索によって近傍にある機会を発見できるかもしれない．だが，遠隔にある「ピーク」――ラディカル・イノベーション――の発見・活用は，まったくちがう個人，企業によって行われるだろう．

　シュンペーター的な企業家精神が，既存組織のトップによって発揚されるにせよ，新しい組織の創造をつうじて示されるにせよ，必然的に同じ結論が

---

18) この考え方はマッシモ・エジディ (Massimo Egidi) に負う．

導かれることになろう．シュンペーター的な企業家精神にもとづくカリスマ的支配，一貫したビジョンは，資本主義に欠かせない本質的要素であり続ける．このことは，いかに現代的な資本主義であってもあまねくあてはまる．認知の性質にとどまらず組織社会における知識構造も扱う必要があるため，資本主義の本質的要素のなかには，つねに属人的でなければならないものがある．

第4章　株式会社の勃興

進化デザイン問題

　実際に産業構造は，相互に関連するが，概念的には区別される2つのシステム——生産技術，生産を管理する組織構造——と関わりがある．これらのシステムは一緒になって，価値問題——最終消費者にたいして，最小費用で最大効用を提供するにはどうすればよいか，という問題——を解決しなければならない．産業構造は，進化デザイン問題とみなされる．さらにいえば，つねに変化し続けている問題でもあり，人口，実質所得，生産・取引技術の変化といった諸要因のために，新しい形でたえまなく提起され続ける．組織というシステムは，技術というシステムによって完全に決定されえない．これは，取引費用経済学による基本的洞察の1つである（Williamson [1975]）．組織——ガバナンス構造——が存在する以上，特有の費用が生じることになり，こうした費用を勘案しなければならない．だが，技術が組織にたいして影響を及ぼすのは明白である．これは，基本的にはチャンドラーの主張である．19世紀の大規模な高スループット型技術は，垂直統合だけでなく経営者による意識的な注意配分をも「必要」とした．この主張を詳しく説明するには，産業構造が解決すべき進化デザイン問題の性質を検討せねばならない．

　組織は，生物有機体と同じく，たえまなく変化する多様で不確実な環境と

向きあう．それが存続し，成功するためには，環境からさまざまなシグナルをうけとって解釈を加え，これらを斟酌しながら，行動を調節していかねばならない．要は，組織とは，情報処理システムなのである．このことは，現代のインターネット企業と同じく19世紀初期の生産ネットワークにもあてはまる．つまり，経済というものは，本質的に長いあいだ知識経済の様相をもち続けてきた．また企業組織は，情報処理，変異・不確実性への対応という局面で，多様なメカニズムを利用するという点でも，生物有機体とよく似ている．にもかかわらず，ジェームズ・トンプソン（James Thompson）が論じたように，あらゆる組織は「そのテクニカル・コアを投入・産出要素で取り囲むことによって，環境からの影響を緩衝しようとする」(Thompson [1967], p.20) のであり，それによって環境変化への対応を図っている．したがって，組織による不確実性の緩衝の仕方を理解することは，組織構造を理解するうえできわめて重要だといえる．トンプソンの議論によれば，緩衝はさまざまな形で行われる．彼のいう「投入・産出要素」は，かなり不安定な環境と予測可能な生産プロセスとを仲介しているさまざまなショックアブソーバー（緩衝器）のことである．古典的な例として，在庫が挙げられよう．在庫は，需給の変動にあわせて増減する一方，製品の円滑な流れを可能にする．だがトンプソンは，人的なパフォーマンスの変動を小さくする人員のトレーニング・啓発に加え，計画外の不法行為の数を減らす予防保全にも言及している[1]．

　アーサー・スティンチコム（Arthur Stinchcombe）は，人的なパフォーマンスの側面を取り上げ，より有用な方向へと議論を進めた（Stinchcombe [1990]）．彼の説明によると，スキルをもつ人間は情報処理システムにほかならず，不確実性を緩衝するプロセスで機能しうる重要な一要素とみなされる．人間の認知は，複雑な環境からうけとったデータに解釈を加えたうえで

---

1) OR（オペレーションズ・リサーチ）の観点からみた緩衝の議論については，Hopp and Spearman [2000] を参照．彼らの研究に記されているように，変動を緩衝するには基本的に3つの仕方——在庫，能力，時間——がある (pp.294-301)．

これらを変換し，生産システムが利用できる予測可能な定型情報を生み出しうる．たとえば大学教授は，エッセイの試験に記されている複雑な情報を変換し，教務係のスタッフが処理できる形で文学の成績をつける．医師は，診察，医療機器の使用をつうじて入手した複雑な情報を診断結果に変換し，結果的にその診断結果にもとづいて，看護婦，薬剤師，患者などへの明確な指示が可能になる（Stinchcombe［1990］の第2章を参照）．ビジネス・パーソンも，それとよく似た機能をはたす．すなわち，経済環境から入手した複雑なデータをほぼ予測可能な産出物の流れ——契約書の署名，製品の配送など——に変換する．われわれは，人間の認知がビジネスの場面ではたす緩衝という役割を，経営という考え方に結びつけようとしているのだろう．

Levinthal and March［1993］は，私の議論にとって適切だと思われる，緩衝にかんする新たな知見をつけ加えている（p.98）．つまり彼らは，トンプソンの概念を故ハーバート・サイモンによる有名なシステム分解の分析（Simon［1962］）に関連づけているのである．分解可能なシステム（decomposable system）というのは，断片に切り分けられた，もしくは「モジュール化」されたシステムをさし，モジュール内でほとんどの相互作用（情報の流れ）が実現できるとともに，モジュール間の相互作用については最小限にとどめられ，フォーマルな「インターフェース」をつうじて調整される[2]．サイモンの見解によると，分解可能性がもたらす主な便益の1つとして，環境の不確実性をものともせず，高い安定性を実現できることがある．つまり，全体の存続を損なうことなしに，1つの要素だけを変更したり，おきかえたり，あるいは破壊することすら可能なのである．このことは，ある種の緩衝とみなされる．レビンタールとマーチが指摘するように，分解は組

---

[2] 完全に分解可能なシステム（perfectly decomposable system）というのは，すべての相互作用がサブシステム内にとどめられているようなシステムのことである．だが現実問題として，われわれが期待できるのは，せいぜい準分解可能なシステム（nearly decomposable system）がいいところだろう．このような考え方をはじめ，一般的なモジュール型システムの理論に焦点をあてた詳細な議論については，Langlois［2002b］を参照．

織を構成する複数の組織単位間の「ルース・カップリング」をともない（あるいは，少なくとも可能にし），それによって，組織が直面する情報処理問題はうまく単純化されることになる．それぞれの部門（組織単位）は，環境からうけとった情報がもたらす局所的な帰結に集中しさえすればよく，その情報がもたらす大局的な含みをいちいち熟慮せずにすむ．コンピュータ・サイエンティストであれば，このことを分散処理という言葉で表現するだろう．そして経済学者であれば，価格システムを適切に分解された情報処理システムとみなす Hayek [1945] による有名な説明によく似たものとして，この議論を認識するだろう．私が示そうとしているのは，組織を市場に分解することによって，経済学者にはよく知られた緩衝の追加的便益，とりわけリスク分散能力が生み出されるということなのである．

以下では，アメリカの組織が過去 2 世紀にわたってどのように進化デザイン問題に取り組んできたか，という歴史をトレースしてみたい．その根底には，分業，機能の異化というスミス的なプロセスがあったというのが，私見である．だが，市場の拡大，技術変化によって経済環境が変化したのと同じく，産業が直面する緩衝問題もまた変化した．19 世紀の経営者革命は，緩衝問題にたいする 1 つの解となったが，この解は，そうした特有の時間・場所にうまく適合していた．かといって，産業が発見した唯一の解だったということでは断じてない．さらに，ニュー・エコノミーが向かっている進路でないことも明らかだろう．

南北戦争前の組織

19 世紀黎明期のアメリカ型の生産・流通システムは，ある面では市場のみえざる手によってコーディネートされていた．国内輸送の費用が高かったこともあって，無数の分断されたローカル市場が生成し，生産・流通システムの分化・分権化がもたらされた[3]．需要を一括してまとめられるとすれば，それは独立の商人・仲介者に限られた．だが別の視点からみると，統合の遅れた地域市場しか存在しない人口の少ない国でよくあることだが，特化

の水準が低いということが，南北戦争前のバリュー・チェーン（価値連鎖）から読みとれた．経済は，製造ではなく取引に焦点をあてていた．製造は依然として，地方特有のクラフト的生産の段階にとどまっていた．そして中心的な役割を担ったのは，万能なゼネラリスト型商人だった．商人による特化は，それが経済的な意味をもつ分野に限って確認できた．しかし，戦前期にはそうした分野はほとんどなかったといってよい．したがって商人は，狭い範囲の商品，単一の取引に集中するというより，かなり広い分野に及ぶ多角化を志向し，取引に必要とされる広範なスキルを身につけた[4]．彼らがゼネラリストを志向したのは，取引量の規模が小さすぎたので，特化が存立しえなかったからである．彼らが共通資源を適切に利用できるほどの十分な規模に到達するには，さまざまな種類の財にたいする需要を一括してまとめるしかなかった．さらにこのことが意味したのは，不可欠とされた多角化を実現するために，マーケティング手法と財それ自体を「基本的（generic）」なものにとどめ，特殊化しないでおくことだった．

　南北戦争前の産業システムは，生産・流通における諸段階間のコーディネーションを市場に大きく委ねたので，変動を緩衝するためにある程度の「ルース・カップリング」をともなった．在庫が広く用いられたのは，まぎれもない事実だった．より一般的にいえば，このシステムは，ジェイ・ガル

---

[3]　馬が牽引する荷馬車の積載容量に加え，舗装されていない道路網のみじめな状態が，主な制約になっていたのはたしかである．「経済学者の推定では，1ブッシェルの小麦を輸送する際，舗装されていないアメリカ国内の道路で10マイル運搬するほうが，船でニューヨークから大西洋をへてリバプールまで運搬するよりも費用がかかった」（Gladwell [2001], p.13）．これは，つい20世紀初期の話である．

[4]　「商人の強みは，輸送，保険，ファイナンスなどといった補助的手法への精通というより，利益につながる売買という基本的な取引機能を支えるべく一連の補助的手法を活用する能力にかかっていた．採用された商業的手法，扱われた財はいずれも実に多様で，商人はこれらにたいして基本的な取引機能を適用した．商人が植民地時代・建国初期の新聞に掲載した広告に加え，個別企業の歴史をみてみると，そこには利益にかなうのであれば，どんなものでも販売する，という商人の気概が表れていた．コーヒー，砂糖，鉄，衣服はどれも，商人にとって利益の源泉となった」（Porter and Livesay [1971], p.17）．

ブレイス (Jay Galbraith) のいう「スラック資源」（[1973], pp.22ff）を緩衝メカニズムとして採用した．戦前経済は，高速・高スループット型システムではなかった[5]．だがこのシステムは，スミス的な意味での分業の水準が相対的に低かったため，ルース・カップリングにせよ，その他のカップリングにせよ，大部分は人間の認知によって実現された．この点に着目することも重要である．それぞれの生産段階は数多くの部分的段階をともなったのだが，その市場の広範な範囲では専門分野への転換が進展することになったかもしれない．結果的に，熟練した人間による緩衝が重要な役割をはたした．たとえばクラフト的生産において，生産段階の全体ないし大部分の仕事を個人的に請け負う熟練工は，部品の変動，消費者の嗜好の変動を緩衝できたため，部品，完成品の双方についてかなりの多様性がもたらされた．熟練工は，幅広いレパートリーのスキルを柔軟につかいこなし（Leijonhufvud [1986]），嗜好・技術にかんする情報を実用的な完成品へと変換することができる．

　ゼネラリスト型商人こそ，南北戦争前に（およびそれ以前の数世紀にわたって）機能していた最も重要な緩衝器にほかならない．実際に彼らが，市場経済の内部で（ルース）カップリングを提供していた．多様性のない財の取引であれば，反復性が生じると考えられる．しかし，戦前市場には厚みがなかったため，ゼネラリスト型商人は実に多岐にわたる具体的状況・特殊問題に直面し，日々これらを解決していかねばならなかった．彼らはクラフト的生産の熟練工と同じく，広範なタスクを統合するとともに，環境からうけとった広範なシグナルを処理する必要があった．彼らがそうした複雑な情報処理問題を解決できたのは，幅のある一連のスキルだけでなく，問題ごとに適したスキルのマッチングを可能にするフレキシビリティももっていたからで

---

5)　またこの点は，Hopp and Spearman（[2000], p.294）が変動を緩衝するための3つの仕方のなかの1つとして，「時間」を挙げた際に念頭においていたことだと思われる（残り2つの仕方は，在庫，能力である）．さらにゼネラリスト型商人も，多種多様な商品を扱うことによって変動のプールを活用していた点に注目せねばならない（Hopp and Spearman [2000], pp.279-282）．

ある (Stinchcombe [1990], pp.33-38). 彼らは利潤機会を認識し, 財・サービスをほぼ円滑に供給できるような仕方で, 無数の現実的な問題を解決した. 固定費用の低い当時の経済では, 収益性は有形資産の所有ではなく専門知識, 適応力によって左右された.

1815年以降, 数年間にわたって人口成長, 地理的拡大, (とくに綿の) 国際貿易が進展し, これらが結びついて, 古典的とでもいうべきスミス的な仕方で市場の拡張をもたらした. つまり, 財の取引量の増加によって市場は拡張したが, 財の性質自体に大きな変化はみられなかった (Porter and Livesay [1971], p.17). 商人が商品, 機能についてかなりの程度まで特化を進展させたことは推測できるが, その際, 企業内特化というより, 専門企業の形をとったといったほうが適切であろう. 商人は, 完全な特化というにはほど遠い状態にあったのである. 重要な点は, 多くの商人は仲介者機能と金融機能を結合したが, とくに金融機能が南北戦争前のアメリカ製造業の発展にとってきわめて重要な意味をもっていたことである (p.77ff). アメリカで産業化がはじまった頃, 製造部門は慢性的な資本不足という問題を抱えており, とりわけ運転資本の不足は顕著だった. 非対称情報の問題があるため, とかく投資というのは厄介な事柄なのである. つまり典型的に, 借手は自分の案件の見通しについて貸手より適切な情報をもつ. こうした「エージェンシー費用」の節約に向けて設計された制度が存在しない場合, 貸手は, 借手にかんする適切な情報を入手できないうえに, 借手による資金の使途を低費用でモニターできないともなれば, すすんで身銭を切ろうとはしないだろう. 金属業, 機械業に従事する多くの企業は, 所有経営者の個人資金, 内部留保に依存せざるをえなかった. だが商人は, 次第に重要な資金源になっていった. 定期的に製造業者との取引を行っていたため, そのオペレーションにかんする知識を入手できたばかりでなく, 融資した資金の使途を観察することもできた[6]. 当時の銀行が金融業の発展を促進したという点でいえば, 距離をおいた貸手としてではなく, その主要なステイクホルダーだった商人・製造業者のネットワークにたいする内輪の貸手としての役割をはたしたのであ

る[7]．これは，ファイナンスの面で，人間による情報処理を「緩衝器」として利用したケースとして理解できよう．生産を綿密に観察する，あるいは生産を指揮する立場に加わることは，資本供給にともなう不確実性を適宜に処理するための1つの方法なのである．

したがって，19世紀初期アメリカの「バリュー・チェーン」では，仲介者の商人が大きな影響力をもち，製造業の成長に向けて資本供給を行うとともに，広く分散した生産者の産出物，消費者の需要を一括してまとめることによって，取引費用・エージェンシー費用の節約に寄与したのだった．

経営者革命

つまるところ，変化は漸進的なプロセスなのだろうか，それとも不連続的な飛躍・革命をつうじて作用するものなのだろうか．これは，経済史——より一般的には社会理論——の古めかしい問題の1つである．ほぼ必然的に，この問題にたいする答えは，見方によって変わる．たとえばある見方からすると，南北戦争頃までに鉄道，電信が出現したのは，すでに進行していた輸送費用の減少という作用が単に持続したからにすぎない．1857年には，ニューヨークを起点に1830年の時点で1日に移動できた距離の2倍もの移動

---

[6] たとえば，ジェームズ・ロフリン（James Laughlin）という商人はジョーンズ・アンド・ロース（Jones and Lauth）という製鉄所に融資したが，この製鉄所は成功をおさめてジョーンズ・アンド・ロフリン・スチール・コーポレーション（Jones and Laughlin Steel Corporation）となった（Porter and Livesay [1971], p.67）．

[7] ナオミ・ラモロウがニューイングランドのケースで示したように，この時代の銀行は，「経済を支配する拡張的な同族集団の金融部門として機能した．銀行自体，同族集団にたいして安定した制度的基盤を提供し，それによって集団内の多様な同族企業は資本を調達することができた．黎明期の銀行は，現代の銀行と同じく周辺コミュニティの貯蓄をあてにしていたが，そのために預金を集めるのではなく，主に株式売却を実行した．この点にも重要な違いがあった．こうした初期的な制度は，機能的にみて，現代の商業銀行とそれほど似たものではなく，むしろ投資プールとよく似ていたのだが，投資プールによって部外者は同族集団の多様な事業に参画できた」（Lamoreaux [1986], p.659）．銀行の機能は，大西洋側の南部と中部とではやや異なっていた（Bodenhorn [2000]）ようだが，専門銀行に融資を行わせるという標準化が進展するには，市場の厚みが増すのを待たねばならなかった．

が可能になっていた．しかし1800年と1830年を比較しても，そのあいだに同様の変化が生じていたのである（Paullin［1932］, plate 138）．だがまた別の見方からすると，鉄道，電信は，アメリカの生産・流通組織にたいして重大かつ不連続的な影響を及ぼしたということになる．

たしかに輸送・通信費用の低下によって，地域障壁の崩壊，国内市場の統合の進展といった重要な結果がもたらされた[8]．実際，19世紀に輸送・通信分野で生じた技術変化は，全米版の「グローバル化」をもたらすこととなったが，このテーマについては後で立ち返りたい．市場規模が大きくなったため，輸送・流通関連の多くの段階では，規模の経済を享受すべく新技術を採用できるようになった[9]．大規模な市場が機能するようになり，細分化とコーディネーションが進展した分業——Leijonhufvud［1986］のいう工場生産——を活用しながら，いくつかの段階を再編することが経済的となった．また，複数の生産段階の統合を可能にする，大規模で耐久性の高い機械を利用することも経済的となった[10]．いずれのケースでも，市場規模の拡大によって高い固定費用をともなう手法へのシフトが可能になり，この手法を利用することによって，高い生産水準の下で——しばしば劇的に——単位費用

---

[8] いくつかの数値を示してみよう．水路と鉄道を用いてシカゴからニューヨークまで1クォーターの小麦を運搬するのに要した輸送費用は，1869年から1902年にかけて72％低下した．同じく鉄道だけを用いた場合の輸送費用については，71％の低下が確認された（Findlay and O'Rourke［2002］, p.31）．1870年と1910年を比較してみると，ニューヨーク市内とアイオワ州のあいだの小麦の価格差は69％から19％に低下した．さらに，ニューヨーク市内とウィスコンシン州についていえば，52％から10％に低下した（Williamson［1974］, p.259）．

[9] この点が意味するのは，大企業・大量生産の勃興によって，専門生産者，市場経済が消し去られてしまったということではない．小規模なフレキシブル生産は，大企業と並行する形で成長を遂げ，それらが必要とする多くの投入物を供給し，経済成長に大きく貢献したのだった（Atack［1986］; Supple［1991］; Scranton［1997］）．にもかかわらず，複数単位型の大量生産型企業は，産業構造にとって新しい重要な一要素となったが，この点については，経済学的な説明が強く求められるところである．

[10] 私は，市場規模が拡大したことでもたらされたこれら2つの帰結を，分業効果（division-of-labor effect），数量効果（volume effect）といった形でそれぞれ区別する（Langlois［1999a］,［1999b］）．

を引き下げることができた．

　このことは，2つの仕方でバリュー・チェーンを変えた．第1に，輸送・流通段階で必要な業者の数が減少することとなった．規模の経済を可能にするような市場規模が実現するとき，多数の小規模工場より少数の大規模工場を操業するほうが低費用——もしくは，きわめて低費用——ですむ．チャンドラーが語るように，合併は一連の典型的なエピソードにもとづいて展開されることがよくある．はじめにカルテルという形態が出現したが，この形態の下では，以前は別々だった複数の競合他社が，大規模な同一市場のなかで操業していることを突如として認識し，生産量の割当を調整しようと試みた．考えてみれば当然のことながら，こうした試みはほとんど成功しなかった．そこで，持株会社の設立が促進されることとなった．持株会社は，その株式を個々の投資家が所有し，単一の上位企業として所有権をプールする形態をとった．そして，カルテル破りのインセンティブを総資本価値最大化のインセンティブへと変換する役目をはたした．だがこのことによって，持株会社がそれ自体の生命を付与される，という意図せざる帰結が生じた．とくに元来の所有者が死亡したり，保有株を売却してしまったため，持株会社の本社は，より大規模で，より効率性の高い工場で生産を統合するという目的をもち，生産，投資を一貫した仕方で管理しはじめた．こうした流れは，20世紀に事業部制（M型）の株式会社の出現をもって頂点に達した．そして，多数の同質的な独立した生産者からなる古い構造は，経営責任というまったく新しい機能的区分をもつ統合型構造への変貌を遂げた．もちろん，すべての事例がこのモデルにしたがっていたわけではない．既存の生産者がほとんど存在しなかった分野では，大規模統合型企業が直接的に成長を遂げることとなった．

　第2に，バリュー・チェーンにおける仲介者の地位にも変化がみられた．輸送・流通段階については，規模が大きくなる一方で数が減ったため，社内購買，マーケティングといった単位は，ますます独立の卸売業者，すなわち仲介者に取って代わっていった．この点については，2つの理由が考えられ

る．第1に，高スループット型生産者にたいする需要が仲介者の容量に到達し，しかもこれを上回りはじめたため，顧客より数量的に大きな稼動力を実現するという卸売業者の主たる存在意義の1つが失われたからである[11] (Chandler [1990], p.29)．第2に，投入・産出物の標準化は，商人という仲介者がもつもう1つの比較優位である，多様な製品を扱う能力にとって不利に働いたからである (Porter and Livesay [1971])．石油などのいくつかのケースでは，生産者が原料から最終消費者にいたるまで徹頭徹尾，統合してしまうこともあった (McLean and Haigh [1954])．

　チャンドラーは，こうしたプロセスがスミス的な分業による予測とは異なっていたという点を強調する．つまり彼は，以前は別々だった諸段階間にみられた市場関係が，統合によっておきかえられていく仕方に焦点をあてている．だが，忘れてはならない重要な点は，経営者の手がいくらみえるようになったといっても，チャンドラーが描くプロセスは，ある面ではきわめてスミス的だということである．つまり現代株式会社の勃興は，機能の特化が進展したことと深く関連する．所有者経営型企業における経営は，所詮素人が携わっている仕事にすぎない．他方，現代株式会社における経営は，専門職業にほかならない[12]．さらに，現代株式会社が20世紀に採用するようになった事業部制構造は，経営者によるかなりの注意配分が必要とされる状況に対処すべく，経営の戦略的機能を日常的機能から切り離すというデカップリングを映し出していよう[13] (Williamson [1985], pp.279-283)．

　現代株式会社が勃興した際，ファイナンスの面での特化・分業の影響が最

---

11) ジョン D. ロックフェラー (John D. Rockfeller) がスタンダード・オイルについて述べたように，「われわれは，当時存在していたものより，かなり進んだ販売手法を創出せねばならなかった．つまり，これまで1ガロンの石油が販売されてきたところで，2ガロン，3ガロン，4ガロンの石油を売り払わなければならなかった．われわれはこの目標を達成するのに，当時存在していた一般的な取引経路にたよることはできなかった」(Chernow [1998], p.252 における引用)．
12) 経営者は経営に特化していたが，また別の重要な側面ではゼネラリストだったことに注意せねばならない．つまり，何らかの特定の企業・産業とは関係なく，経営の一般的手法を身につけていた．この点については，後で立ち返る．

も明確かつ重大だったのはまちがいない．株式会社は，19世紀後半，20世紀前半をつうじて（そして後でみるように，この時期を越えて）発展を遂げた証券市場と歩調をあわせながら，進化を遂げたのである．証券市場の発展によって，流動性が高まりつつある市場で取引できる譲渡可能な証券が創出されることにより，所有と経営の分離が促進された．こうした市場が存立しうるようになったのは，会計・財務報告のための標準的手法，株式会社の有限責任制といった一連の社会制度が発展したからである．投資家は，事業についての詳細な知識をもたなくても，あるいは企業の立地から地理的に離れているとしても，会計・財務報告のおかげで，証券価値を確認することがいっそう簡単になった（Baskin [1988], pp.227-230）．匿名の証券市場が発展したことで，資本供給への参加要件が緩和されたばかりでなく，リスク分散のための新奇的な機会が実現可能になったこともあって，高スループット型プロジェクトの資本コストは低下し，経営者は匿名の市場で幾分かのリスク——財務リスク——を軽減できるようになった（Jensen and Meckling [1976]）．したがって実際，財務的な不確実性を「緩衝」する機能は，部分的ではあるにせよ，人的な情報処理主体——ゼネラリスト型経営者——から解き放たれ，ポートフォリオ分散という緩衝メカニズムをそなえた外部の市場制度へと移転された．

にもかかわらずチャンドラーが力説するように，また別の面からみると，大規模株式会社の勃興には，特化の減少という作用が働いていた．かつては，個々の経営者がもっぱら自分の市場しか気にすることなくそれぞれの生産段階を監督していたが，大規模株式会社の時代になると，複数の経営者からなる一団が複数の生産段階を統括的に監督するようになった．もちろんオ

---

13) チャンドラーの見解によれば，大規模株式会社が勃興していた時期にこのような機能の特化・分離が進展したという点にこそ，この組織形態が成功した秘密を解く重要なカギがある．想い起こせば，彼は，イギリスがアメリカ，ドイツに遅れをとったのは，経営者にたいする認知的な要請を軽減すべく，そうした機能の特化を進展させられなかったためだ，と考えている．

ペレーション・レベルにおいては，分業はかならずしも減少したわけではなく，むしろ増加したといえよう．大規模株式会社の各部門におかれたそれぞれの専門経営者は，以前は個々の生産段階を監督していた経営者に対応するものだった．経営機能の統合は，日常業務担当の経営者より上位の「コーポレート（全社）」レベルで生じた．熟練工が人工物の創造という場面で複数の生産段階を監督してきたのとほぼ同じように，本社は複数の生産段階を監督したのだった．

なぜ統合なのだろうか．組織構造が創造される動学的プロセスを考察しなければ，組織構造を理解することはできない，と私は長いあいだ主張してきた（Langlois [1984]）．私見によれば，生産・流通構造のシステム的再編を必要とする技術・市場機会が生じたとき，集権的組織が分権的組織に取って代わることがしばしばある．その理由は，戦争その他の危機的状況で意思決定の集権化が進められていく理由とまったく同じである．新しい価値を創造するうえで，システムを構成する数多くの要素を同時に変化させなければならない場合，集権的コントロールによって，局所的な参加主体が抱く矮小なビジョンをうまくおさえられる一方，集権的所有によって，こうした参加主体の既得権益を容易に打ち負かすことができる（Langlois [1988]; Bolton and Farrel [1990]）．要するに垂直統合は，システム的変化にともなう動学的取引費用の問題を克服できる場合に生じる（Langlois [1992]）．

チャンドラーが記録した19世紀の多くの産業では，さまざまな転換局面で規模の経済を実現できる可能性が生じたが，そのためには，システムを構成する他のさまざまな補完的要素をまきこんだシステム的再編が必要とされた．冷蔵食肉加工のストーリーを考察しよう（Porter and Livesay [1971], pp.168-173; Chandler [1977], p.299ff; Fields [2004]）．1870年代に鉄道網が発達したことによって，西部の食肉は生きた家畜のままの状態で東部の市場へと輸送できるようになったので，西部の放牧では規模の経済を実現できた．だが，さらなる規模の経済を実現できる可能性があった．グスタバス・スウィフトは，食肉加工，輸送，流通からなるシステムを抜本的に設計しなおせ

ば，輸送費用を削減できるばかりか，高スループット型食肉解体処理場の「解体ライン」などのさまざまな局面で，規模の経済を実現できるようにもなる，と考えた．こうした規模の経済性を享受するには，システム全体にわたって補完的資産・ケイパビリティを変化させなければならず，たとえば冷蔵貨車の開発・生産だけでなく，食肉の貯蔵・売買のための適切な設備をそなえた全国的規模の支店網の確立も必要とされた．スウィフトは，市場をつうじて自分に協力するよう，多岐にわたる資産所有者を説得するための動学的取引費用を負担するより，さまざまな補完的段階を統合してしまったほうが経済的だ，と認識するにいたった[14]．Porter and Livesay (1971) が論じる

---

14) Raff and Temin [1991] は，資産特殊性学説（Klein, Crawford, and Alchian [1978]）の枠組でこのエピソードを厳密に解釈しようとした．この学説は，純粋理論経済学の文献では垂直統合の支配的な説明とみなされているようだが，その考え方によると，協力主体はその一方ないし双方が行う取引の文脈に限定された特殊資産を所有する場合に，両者のオペレーションの統合が促進される．というのも，市場の枠組において，一方の主体が他方の主体にたいして「ホールドアップ」の脅しを仕掛けることができるため，そうした特殊資産がリスクにさらされてしまうおそれがあるからである．ラフとテミンは，その学説の正しさをうまく論証している．だが，彼らが論証しているのは，実は私の主張にほかならない．スウィフトが広範な統合を行ったのは，彼が所有することになったすべての資産が取引特殊的なものだったからであり，もし彼は，そうした資産を他の主体に所有させたままだったとしたら，収用リスクにさらされることになっただろうというのが，彼らの主張にほかならない．必要とされた資産のなかには，こうした特徴に該当するもの——おそらく貨車が挙げられよう——がいくつかあったかもしれない．だが，スウィフトが購入した他の多くのもの——たとえば氷——については，厚みのある市場で入手できる一般商品だったということは，明白である．ラフとテミンは，この点にかんしてうまく切り抜けようとする．すなわち，「だがスウィフトは，彼が氷を必要とした時間・場所で，独立のサプライヤーをあてにして氷を供給してもらうことができなかった．そして，その時間・場所で氷を入手できないことによって，彼が負うべき費用はきわめて大きかった．…近所で唯一氷を扱っていた製氷所の所有者は，スウィフトにホールドアップを仕掛けることができただろう」(p.25)．だが，これで十分だということにはならない．資産特殊性論は，均衡にもとづいた主張にほかならない．均衡では，どの製氷所の所有者も，スウィフトにホールドアップの脅しを仕掛けることができなかっただろう．というのも，スウィフトは取引先を変更する，という信憑性のある脅しを選択肢としてもっていたからであり，結果的に均衡では，スウィフトの資産が価値を失うことはなかっただろう．もちろんスウィフト自身，均衡についての機知に富んだ話など，気にかけてはいなかった．彼は，業務の中断が生じるのを懸念していたのであ

ように，複数の支店からなる（独立でない）統合型システムが発展したのは，「既存の仲買人システムの不都合を解決するための反応」(p.171) だった．

しかし，垂直統合（あるいは，その他のあらゆる組織構造）の起源を説明したところで，その存続理由を説明したことにはならないだろう．統合は，一時的に必要とされることがあっても，それ以外の場面できわめて非効率だとすれば，経時的に解消されていくと予測できよう．こうした事例はたしかに存在する[15]．だが「経路依存性」のために，ある組織構造が存続可能に

り，——以下が大切な点なのだが——この中断は，ホールドアップの脅しを含むさまざまな理由で生じうるものだった．製氷所の所有者は，単に無能だったということもありえたし，つきに見放されて悪い日をすごすということもありえただろう（さもなければスウィフトは，当該事業に特化していたので，冷蔵貨車への氷の運搬を管理するためのすぐれたケイパビリティを獲得しており，統合を実行するより，こうした知識を他者に移転するほうが，彼にとっては高い費用を要したのだろう）．製氷所の所有者が悪意をもたず善意で物事を行うとしても，その高スループット型システムはリスクにさらされてしまう．また氷は，通常用いられている意味で特殊ではないにせよ，時間・場所にかんする特殊性をもつ，という考え方も有効ではない．このことは，資産特殊性という概念を，形而上学的にピンのうえで無理矢理踊らせようとしているばかりか，時間・場所にかんする特殊性の費用——私が動学的取引費用と呼ぶ費用 (Langlois [1992])——は，ホールドアップの脅しにもっぱら左右されることはなく，さまざまな原因から生じる，という事実を無視してもいる．特殊資産が関係したホールドアップの脅しは，高スループット型システムを運営する経営者が直面するきわめて広範な緩衝問題のほんの一部にすぎない．

15) Chandler [1992] は，以下のように記す．すなわち「統合については，…取引を行う際の企業の特殊なケイパビリティ，特殊なニーズといった観点から検討すべき問題だろう．たとえば Williamson ([1985], p.119) が記すように，『統合の進んだ状態は統合の進んでいない状態よりつねに望ましい，という誤った前提にもとづいて，製造業者はオペレーションを展開することがあったようである』．彼は，パブスト・ブルーイング (Pabst Brewing)，シンガー・ソーイング・マシーン (Singer Sewing Machine)，マコーミック・ハーベスティング (McCormick Harvesting)，フォード (Ford) といった企業の後方統合を考察し，これらは『取引費用の観点からすると，誤った選択だったように思われる』と述べている．だが，実際にこれらの会社がそうした投資を実行した際，その供給網では多岐にわたる特殊性の高い新製品を安定的に供給することができなかったが，実はそうした製品の安定した流れは，規模にかんするコスト優位の実現を確実にするうえで不可欠だった．産業が成長するにつれ，とくに代替部品，付属品にたいする需要が拡大していくにつれ，必要なケイパビリティを獲得したサプライヤーの数もまた増えていった」(pp.88-89)．

なることもありうる．一般的に構造は，別の構造への転換を困難にしてしまう仕方で自己強化的になりうる．たとえば，垂直統合型構造の内部で行われる学習の性質によって，統合が強化されるかもしれない．というのも，別の構造にかんする学習と比べて，どのようにこの垂直統合型構造をうまく機能させるか，にかんする学習が優先されてしまうからである[16]．また構造は，周囲の環境が変化を強く求めてくるほど厳しいものではない，という単純な理由で存続することもあろう．そして組織は，競争の厳しさを和らげるような仕方——たとえば，政府による規制を求める動き——で環境にたいして働きかけうることもある．だが結局，長期にわたって存続してきた構造が現に今でも存続しているのは，進化デザイン問題を適切に——少なくとも十分適切な形で——解決しているからだ，という理由につきる．たしかにこれは，チャンドラーの主張にほかならない．つまり，専門経営者が運営する大規模垂直統合型株式会社は，その当時生じていた進化デザイン問題にたいする適切な解となっていたがために存続したのである．チャンドラーをはじめその解釈者の研究をも繙いてみると，この大規模株式会社という解の輪郭を浮き彫りにすることができよう．

大規模株式会社は，高い固定費用という代償と引き換えに，低い平均費用を実現できた．ただしそれは，少なくとも固定資産の最大稼動を確実に実現できた場合に限られた．

資本集約産業において，最小効率規模を維持するのに必要なスループットは，生産プロセスを通過する流れにとどまらず，サプライヤーからの投入物の流れ，中間業者・最終ユーザーへの産出物の流れについての慎重なコーディネーションを必要とする．

---

16) フォードの黎明期にかんする事例については，Langlois and Robertson（[1989]，pp.367-368）を参照．この論点については，IT（情報技術）関連の技術変化が内部組織にとって有利な形で生じたというバイアスについての議論に関連づけながら，あらためて第5章で立ち返ってみたい．

こうしたコーディネーションは，自動的に生じたことはないし，自動的に生じうるものでもなかった．経営者のチームやヒエラルキーによる不断の注意を必要とした．潜在的な規模・範囲の経済は，定格能力によって測定され，生産設備の物理的特性を表す．実際の規模・範囲の経済は，スループットによって測定され，組織的なものとみなされる．このような経済性は，知識，スキル，経験，チームワークに依存している．つまり，技術的なプロセスの可能性を十分に引き出すのに必要な組織化された人的なケイパビリティに依存している． (Chandler [1990], p.24)

　分権化した生産の世界において，ほとんどの費用は可変費用とみなされる．だからこそ，製品の流れに生じた変動・中断が産出の妨げになるような場合，費用は収入とほぼ歩調をあわせて低下する．だが，高い固定費用を要する機械・組織によって高スループット型生産が実現している場合には，変動・中断によって間接費が補填できないという事態に陥ってしまう．チャンドラーであれば，こういうだろう．仕事の流れにおける変動をコントロールできなければ，実現できる規模の経済は小さくなってしまう，と．統合，経営はいずれも，製品の流れにともなう不確実性をコントロール——緩衝——しようという試みにほかならない．

　伝統的な大量生産は，細かく切り分けられた分業の採用，大規模統合型機械の採用，あるいは両者の組み合わせをつうじて，複数の生産段階間の変動をつねになくしていかなければならない．ヘンリー・リーランド（Henry Leland）は，イギリスのサリー州ブルックランズで3台のキャデラックを分解し，その過程で無秩序に積み上げられていった無数の部品を用いて，また元通りに自動車を組立ててみせた[17]．互換性部品は，この試みが実施された1908年の時点までは十分な理解を得ていなかったが，これを機にようやく裏づけが得られたため，19世紀をとおして大量生産に向けたあくなき追求が活気づくことになった（Hounshell [1984]）．ブルックランズでのエピソードが示唆するように，互換性部品によってさらに進んだモジュール型の

デザインが生み出される.つまり,部品の着脱ができるようになる.だが同時に,クラフト的生産の下で可能だった「ルース・カップリング」という1つの形態は,標準化によって抹消されてしまう.部品の変動は,ますます忌避されるようになる.古典的な大量生産の下では,最終製品の変動も忌避される.さらに大量生産は,一連の明確な手順——実際にはコンピュータ・プログラム——を実行する作業者(究極的には,機械も含む)を必要とする.したがって,全体的な生産プロセスの設計が高度に構造化される一方,個々の諸段階から裁量,変動といった要素が除去されるようになる.このような成り行きにたいして,好意的ではない研究者は「熟練の解体」(Marglin [1974]),「フォーディズム」(Sabel [1982])といった名称を与えている.

その重要な含意を1つ記せば,標準化・高スループットが実現したからといって,不確実性の緩衝が不要になることはないということである.実際には,標準化・高スループットの実現によって,不確実性の緩衝がよりいっそう求められるようになっている.というのも,高スループット型システムに干渉するいかなる変動も,生産を完全な停止状態に追い込んでしまう可能性を秘めているからである.チャンドラー的な経営者資本主義において不確実性を緩衝しているのは,クラフト的生産,特殊化していないマーチャンダイジングにおいて不確実性を緩衝しているのとまさに同じ要素,すなわち経営機能を担う人間の情報処理能力にほかならない.しかし,新しい高スループット型生産構造のため,もはやそうした緩衝の役割は——標準化による変動の除去が行われるようになった——個々の生産段階に割り当てられなくなった.その代わりに,「ヒエラルキーの上層へと」うまく押し上げられ,仕事

---

17) リーランドは,この偉業によってイギリスの王立自動車クラブ(RAC:Royal Automobile Club)による第1回標準化テストの優勝者として,デュワー・トロフィー(Dewar Trophy)の受賞という栄誉に浴した.実際,イギリスでのキャデラックのオペレーションは派手な宣伝行為として競争をあおることになったが,キャデラックの競合は自社以外には存在しなかった.同時にキャデラックは,テストをクリアするための要件である精密機械加工の許容誤差を満たすことができた唯一のメーカーでもあった(Leland and Millbrook [1966] の第1章を参照).

の流れをコントロールする経営者に委ねられた[18]（Stinchcombe [1990], p.64）．

　専門経営者は，ある意味で特化の産物である．つまり彼らは，経営者にすぎないのであって，当然のことながら，資本家でもなければ，他の何者でもない．だが専門経営者は，昔日の商人と同じくゼネラリストでもある．つまり，ある特定の企業・産業の文脈に左右されることのない一般的な経営手法にたけている．20世紀になるとビジネス・スクールが発展し，特殊化していない経営者のトレーニングが活発化した．ビジネス・スクールは，ときを同じくして台頭した他のプロフェッショナル・スクール（専門職大学院）と同様，学生に標準的な「ツールキット」を身につけさせた（Langlois and Savage [2001]）．このことは，別段驚くには及ばない．チャンドラー的な経営者がゼネラリストである理由は，熟練工，商人がゼネラリストであるのと同じ理由である．すなわち不確実性の緩衝こそ，彼らに共通の機能だからである．彼らは，予測できないさまざまな具体的状況にたいして柔軟に適用することのできる広範なスキルを必要とする．

規模から範囲へ——株式会社の世紀

　高スループット型生産を緩衝するような経営構造を確立するにあたり，19世紀の大規模株式会社はさらなる創造を重ねた．すなわち，組織ケイパビリティのシステムを創造した．その組織ケイパビリティは当初，規模を志向した経営とうまくかみあっていたが，やがて株式会社に範囲の拡張を可能にす

---

18)　もちろん，トップ・マネジメントが唯一の緩衝器だということにはならない．彼らは，さまざまな階層に属するきわめて多くの労働者たちの助力を得るだろう．「熟練労働部門（メンテナンス部門，工具・金型製造部門，製鋼炉の内部を耐火煉瓦で内張りする一団のように技術に応じて多様性をもつ特殊部門），経営層に属する熟練スタッフ（エンジニアリング，品質管理・検査，日程計画，在庫管理）といった個々の集団が存在するだろう．その他にも，ルーティン化した生産ラインの全体構造，生産ラインの稼動を維持するための『ライン』監督構造が存在するだろう」（Stinchcombe [1990], p.64）．

るようになった．チャンドラーの言葉によると，組織ケイパビリティは「企業の持続的成長の内的動因となった．とくに，企業の所有者・経営者がより遠隔地にある国内市場へと進出した後で，海外進出によって多国籍企業になる動きを促進した．さらに，本来の市場以外の市場で競争力をもちうる製品の開発によって多角化し，複数製品企業になる動きも促進したのだった」(Chandler [1990], pp.8-9)．

Penrose [1959] が示唆したように，以上のことは企業成長の重要なメカニズムを表す．彼女の理論によれば，企業はさまざまな「資源」の束によって構成され，そのなかには，チャンドラーをはじめ他の研究者がケイパビリティと呼ぶ経営資源も含まれる．資源はたいてい不可分なかたまりの状態で存在するため，資源のなかには過剰能力を生み出すものがある．このことは，ある分野で開発された組織ケイパビリティが，低い限界費用で新しいタスクにまで波及しうることを意味する．実際に規模の経済も，範囲の経済も，究極的にはまったく同じ要素からなる．つまり双方ともに，知識構造の再利用をともなう点で共通しており，同一の製品をより多く複製していくケースが規模の経済，他方で類似の知識を必要とする異なる製品を生産するケースが範囲の経済である (Langlois [1999b])．

とくに早い時期から，多角化は副産物の有効活用に関わる問題とみなされてきた．つまり，テキストに登場するような古典的な範囲の経済に関わる問題だということである．たとえば，アーマー (Armour)，スウィフト (Swift) はもとより他の食肉加工業者も，食肉解体処理場の副産物からつくった肥料，皮革，接着剤，石鹸，その他の品目を販売した (Chandler [1990], p.168)．とりわけ企業は，さまざまな製品に応じて，新たに全社的な企業構造の下位にさまざまな組織単位を創造することによって，多角化をモジュール型の仕方で進めていった．しかし 20 世紀までには，再利用可能な設備・知識・事業慣行にもとづいた多角化がいっそうの進展をみた．たとえば，スウィフトとその競合他社は，元来は食肉流通のためにつくったシステムを用いて，バター，卵，鶏肉，フルーツの販売に着手するようになった (p.168)．

株式会社は，規模から範囲へと軸足をうつしていく際に相当なゼネラリストになったので，当初そうした株式会社の創造を支えてきた製品志向型の特化へと向かう（そして，ゼネラリスト型商人から離れていく）という元来のトレンドが，逆転してしまったことに注意せねばならない．私はやがて示唆するつもりだが，消えゆく手は，このようにケイパビリティの幅が広がり，特定の製品から分離していく持続的プロセスとして理解できよう．

20世紀の大部分にわたって，チャンドラーが記述したケイパビリティの構築プロセスは，経営者資本主義の垂直統合型構造に疑いをかけるものではなかった．疑いをかけるどころか，実は強化する役目をはたした．Chandler [1997] が記すように，とくに第2次世界大戦後，「有形資本，無形資本の双方にたいする根本的な大規模投資は，かつてのように新興企業によって実行されたのではなく，主に，強固な基盤をもつ既存企業によって実行されたのであって，既存企業が学習した既存の組織ケイパビリティは，新技術の潜在力の開発・商業化を地球規模で展開していくうえで，きわめて重要な意味をもっていた」(p.64)．大規模株式会社は，ペンローズの理論が示唆した，経路依存的な内部成長へと導く新しい流れにそって，アメリカのバリュー・チェーンの大部分を再創造しつつあった．経路依存的な内部成長は，株式会社の緩衝メカニズムにたいして多くの負荷を課すようになった．そこで，企業は部門の分権化を進めることで部分的な反応を試みたが，それは市場を模倣したある種の緩衝とみなされよう[19]．しかしサイモンが指摘したように，変動にたいする組織の有効な反応を支援する緩衝メカニズムは，環境の不確実性という問題に取り組むための唯一の方法だというわけではない．彼が記したように，「われわれは，変化する複雑な環境のなかで，有機体ないしメカニズムが有効に機能するよう求めるのであれば，環境が課すさまざまな要件にたいする柔軟な反応を可能にする適応メカニズムを設計し，そのなかに

---

19) 「通常，機能別組織から製品別組織（M型組織）への転換は，コントロール，コーディネーションを高めるための手段として正当化されてきた（Chandler [1962]）が，さらにいえば，経験を分離する手段でもある」(Levinthal and March [1993], p.98)．

有機体ないしメカニズムをすえつけることができよう．あるいはまた，環境の単純化・安定化を試みることもできよう．つまりわれわれには，有機体を環境に適応させることも，環境を有機体に適応させることも可能なのである」(Simon [1960], p.33)．経営者革命が進展した最初の世紀に大企業が模索したのは，まさしく環境の単純化・安定化という道だった．この現象については，長年にわたってあまたの経済学者・専門家の関心をひきつけ，あまたの研究成果が生み出されてきた．

　こうした知的営為の1つの潮流は，反トラストという広範な分野に含まれる．チャンドラーのいう大規模株式会社は，典型的に——長期間にわたって——もっぱらトラスト化，独占といった観点から議論されてきたが，この点は冗長にすぎるため，ここで議論するのはふさわしくない．また，おそらく新鮮味にも欠けるため，議論の価値すらないストーリーだといえよう．このテーマを扱ってきた研究者のなかで唯一シュンペーターだけが実質的に論じたように，制限的，「反競争的」として愚弄される行動は，高スループット型生産を促進する——かくして，生産量の減少ではなく生産量の増加をもたらす——仕方で，環境の不確実性をコントロールする機能を実際にはたしうるのである．

　実際にどのような投資であれ，それは企業家的活動にとって必要な補完物として保険，ヘッジなど一定の保護活動をともなう．急速に変化する状態，とくに新商品・新技術の影響をうけてたえまなく変化する，あるいは変化するかもしれない状態の下で，長期投資を行うことは，形がはっきりしないうえに動き続けている——しかも急に動き出す——ターゲットを射止めようとするのに等しい．特許，諸過程の一時的な機密保持にたよるだけでなく，いくつかのケースでは，前払金保証をともなう長期契約にたよることも必要である．だが，ほとんどの経済学者が合理的経営をなす標準的な要素として認めるそうした保護装置は，彼らが認めたものと基本的には異なっていないにもかかわらず，彼らが非難の対象としている他の多く

のものを含むより大きな集合のなかの特殊なケースとなっているにすぎない．　　　　　　　　　　　　　　　　　　　(Schumpeter [1950], p.88)

さらにシュンペーターは，私があたりさわりなく，環境の変動・不確実性と呼んできたものにたいして，もっと生き生きとした表現――「創造的破壊の永続的な嵐」(Schumpeter [1950], p.84)――を与えている．

　シュンペーターは，保険，ヘッジのような緩衝技術によく似たものとして，株式会社の「保護活動」をとらえていることに注意しよう．私は，後で重要な意味をもつことになるいくつかの「保護装置」に焦点をあてたい．チャンドラーが長いあいだ主張してきたのは，実際に垂直統合はそれ自体――環境の大部分を経営者による緩衝の影響下におくことによって――環境をコントロールするためのメカニズムだということである．だが垂直統合型構造の内部では，高い固定費用をともなう複数の生産段階が特別な役割をはたす．産業組織論を専門とする経済学者は，埋没費用が競争的参入を阻止するとともに，一般的に競争環境を損なう要因にもなるということを力説してきた (Baumol [1982]; Sutton [1991])．もちろん固定費用は，つねに埋没費用に転化するとは限らない．しかし，固定資産，これに匹敵する資産が垂直統合型企業の内部で分離されている場合と同様，固定資産の市場が薄い場合には，固定費用は埋没費用に転化してしまう傾向がみられる．この点については，私のストーリーに関連する．つまり，市場が厚みを増していくにつれ，資産の「埋没」性は薄れていくことになり，それによって垂直統合の便益は小さくなってしまう．

　いくつかの系のビジネスについていえば，垂直統合によっても伝統的な取引費用問題が生み出された．このことはとくに消費財に該当したが，そればかりかいくつかの生産財にもあてはまった．ゼネラリスト型卸売業者・小売業者が活躍していた時代には，商人は財の供給者であると同時に品質の保証人でもあった．石鹸，小麦粉，バターなどは非差別化製品だったが，その品質を消費者が信頼したのは，彼らが小売業者を信頼したからであって，そ

の良好な評判は一種の保証として機能した．高速の連続工程技術のおかげで，卸売業者，小売業者ではなく生産者が商品を包装したほうがきわめて経済的になった（Chandler [1977], pp.289ff）ので，卸売業者，小売業者が品質保証の面ではたす役割はなくなったも同然となった．一般的にこうした事態は，消費者にとって品質を確かめる費用がおそらく劇的に増大したことを意味した．もちろん，この問題にたいする解になったのは，ブランディングにほかならず，それによって生産者は，消費者にあたかも直接語りかけられるようになっただけでなく，かつて地元の食料雑貨店で用いられていたのと同じようないくつかのボンディング・メカニズムを利用できるようにもなった[20]（Klein and Leffler [1981]）．また，シアーズ（Sears），A&Pといったゼネラリスト型新興小売業者も出現し，きわめて広範なブランド製品を取り扱うようになったが，これらの小売業者は自社の名前に由来するボンディング・パワーを，他社製品がもつ個々のプロダクト・ブランドのボンディン

---

[20] しかしKim [2001] は，ブランド製品のシステムがそれ以前のシステムに取って代わったのは，取引費用の面ですぐれた諸特性をもっていたからだ，と暗示していたように思われるが，そうした見解は適切ではない．キムのストーリーでは，技術変化のおかげで製品がますます洗練されていき，消費者が品質を直接判断するのが困難になっていくとされる．このことは，品質保証に向けられる大規模資本をもつ大規模チェーンストアにたいして優位性を与えた．だがチャンドラーが示すように，この時代の主たるイノベーションは，工程技術の性質に関わるものだった．石鹸，豆，バター，タバコなどについて大きな変化はみられなかったが，これら一連の商品は機械によってかなり高速に包装できるようになった．さらに19世紀初期ですら，消費者は日常的に行っているおざなりの調査によって，製品の品質を直接識別することができなかった．このことに関連して，粗悪品にまつわる有名なケースは，パン，小麦粉などの単純な商品に集中していた．そして小規模なゼネラリスト型小売業者は，医薬品などのかなり洗練された商品の重量・純度を十分に保証できた．今頃になってようやく薬剤師は，ブランディングによって代替されつつあるが，このことは，薬自体の変化と同様に実験装置の精巧化という変化によってももたらされている（Savage [1994]）．結局のところブランディングのシステムは，新しい工程技術によって生じる生産費用面での主要な利益が原因で生じた取引費用問題を解決するために出現した．だが取引費用問題は，そうした利益と比べれば，おそらく大きな意味をもっていなかっただろう．純粋に取引費用の観点からみて，ブランディングが局所的な保証・ボンディングよりもすぐれているかどうかは，今後取り組むべき問題だといえよう．

グ・パワーに付加できたばかりか，自社ブランド商品を販売することすらあった (Kim [2001])．さらに複数単位型の大規模小売業者は，品質管理・保証の面でケイパビリティを創造できただけでなく，規模の経済を活用することもできた．

もちろんブランディングは，取引費用問題の解決にとどまるものではない．つまり，変動，不確実性の軽減に向けて環境のコントロールを試みるためのまた別の手法でもある．この点については，新古典派の標準的なテキストをみても明らかである．企業は消費者の視点からみて差別化された製品を創造することによって，非弾力的な需要曲線を得ることができ，この需要曲線は価格・数量の変動を抑制する．そしてブランディングは，製品差別化を可能にする．品質だけがブランドの唯一際立った特性だ——おそらく，一流ブランドのガソリンのような商品に該当しただろう——としても，ブランディングは依然としてそうした抑制効果をもち続けるだろう (Klein and Leffler [1981])．

政府を取り込む試みに比べれば，環境をコントロールするためのそうした手法はどれも見劣りしてしまう．ずっと前に，経済学者，政治学者は，規制とは企業，産業が自ら導入を求めて懸命に働きかけるものだ，という考え方に変節してしまった (Kolko [1963]; Stigler [1971])．政治家は，自ら切望してやまない政治的支援の獲得につながるので，規制の導入にたいしてしばしば熱を上げることがある．そして企業も，自社の利益にかなうために規制を強く求める．一般的にそうした企業の利益は，政府主導のカルテル化・参入制限に起因する利潤の増大といった観点から理解される．だが政府にも，抑制効果をはたせるのは明らかである[21]．政府は市場に代わる代替的な環境，あるいは少なくとも市場にとって追加的な環境——本質的に変動が小さい環境，あるいは経営という緩衝メカニズムによって容易に対処できる環境——

---

21) すでに言及した品質保証機能をはたせる主体のリストに，政府も加えられるかもしれない．その古典的な事例としては，食肉の連邦調査機関が挙げられる (Libecap [1992])．

を提供する．もちろん，すべての産業がこうした描写にあてはまるわけではない．州際通商委員会（Interstate Commerce Commission）という古い体制下で行われている主要都市でのタクシー規制，州際トラック規制が，固定費用が高い世界での緩衝と密接な関係をもっていたというのは疑わしい．しかし他の多くの産業では，電気，電話サービス，天然ガス輸送といった非差別化製品に関連した「自然独占」がしばしば想定され，組織内で管理された複雑な生産システムのコントロールを支援する目的で規制が要請されてきたようである．こうした生産システムは，高い固定費用をともなうきわめて重要な構成要素を含んでいた[22]．当局による直接的な規制をうけていない産業ですら，政府の行動は，需要のショックを緩衝するための，あるいは経済レントという緩衝装置を提供するための「保護活動」としてしばしば役立つことがある．

　高スループット型生産にかんする緩衝問題は，政府と企業にかんする主流派の文献にたいしてそれほど大きな影響をもたらさなかったが，この問題を中心にすえた異端派による思考潮流がある．ソースタイン・ヴェブレンからウィリアム・ラゾニックにいたる流れ（Veblen [1921]; Lazonick [1991]）を概観すると，この思考潮流の文献では，予測不能な環境変化，とくに金融市場その他の市場に起因する変動から，経営者を隔絶することがきわめて重要だとみなされる．ヴェブレンは，金融市場を「産業によるサボタージュ」としてとらえた．だが，この流れに位置づけられるジョン・ケネス・ガルブレイスは最も雄弁であり，その著作 *The New Industrial State* [『新しい産業国

---

[22] この点で私が示唆しようとしているのは，そうした規制が明らかに望ましいということではない．規制は実際に環境を円滑化するので，高度の統合型構造による高スループット型資産の利用を促す機能をはたすのかもしれないが，環境を停滞させてしまう影響とともに，経済における相対的稀少性，取引費用の双方の変化から組織を隔絶してしまう影響をももたらすであろう．規制がないとすれば，企業はそれ自体，さらなる適応力を身につけることで，変動をコントロールしなければならず，このことは長期的により望ましい帰結をもたらすだろう．20世紀が終わりを告げ，われわれが目にしているように，いくら規制といえども，構造を適応させなければならないという要件から，企業を保護することはできないのである．

家』]は，彼が1967年の時点で，その進展の様子を描写した株式会社の世紀についての本質を，誇張法によって抽出した成果である．ガルブレイスは，技術変化が複雑性・規模の増大をつねにもたらすことを当然とみなしている．複雑性・規模の増大は「計画化」を必要とする．技術の至上命題とはそういうものなのであって，将来的に激しさを増すばかりである．計画化は，将来的な緊急事態にかんする予測・準備を試みることだけでなく，市場という領域から経営者の権限が及ぶ領域へと取引をシフトさせることをも意味する．「技術進歩，それに関連した特化の進展をともなうことで，市場の信頼がますます損なわれていくとすれば，市場が計画化にとって代わられない限り，産業の計画化はますます不可能になってしまうだろう．企業が計画化とみなすものの多くは，市場による影響を最小限にとどめ，除去することからなる」[23] (Galbraith [1967], p.26)．

　ガルブレイスによる描写と実質的にあいいれない，それとは正反対の技術・組織観を用意して待ちかまえていた近未来の存在は，そうした彼の計画化についての見解が含意するような傲慢にとってふさわしい報いとみなされるだろう．

---

[23]　もちろん三段論法は続いていく．計画化を軽度に進めるのはよいことなので，計画化を高度に進めていくのはさらによいことにちがいない．だからこそ政府は，市場システムを中央計画によって大幅におきかえるべきだ，と．

第5章　企業家の復権

内部ケイパビリティから外部ケイパビリティへ——ニュー・エコノミー

　大規模株式会社は，1950年代，1960年代には，避けることのできない無敵の存在だと思われていたが，1980年代には一転，現実の経済にそぐわなくなった組織構造——そして，それ自体の再定義が進行しつつある組織——と化した．第2次世界大戦後のアメリカの大規模株式会社は，それ自体が生み出した環境のコントロール・メカニズムとはまったく別に，ドイツ，日本，その他の経済が破壊されたことをうけ，競争環境が穏やかになったために便益を享受した．これら諸国の経済は復興を遂げ，1970年代までに貿易が増大しはじめたので，アメリカが謳歌した安息状態は終わりに向かっていった．実際のところ1980年代，1990年代には，株式会社に付与された無敵という代名詞は，正反対の意味をもつ言葉によっておきかえられた．マーク・ロウ（Mark Roe）が記すように，「競争の局面で苦難にまみれ，つねに成功するとは限らない．こうした株式会社のイメージは，次第に現実味をおびてきた」（Roe［1996］, p.106）．

　アメリカの株式会社は，1950年代，1960年代に生み出した環境のコントロール・メカニズム，それ自体の不死身さゆえに，市場の厚み・再配置の進展だけでなく技術規模にも関連した持続的変化を，おおむね無視することができた．ジョン・ケネス・ガルブレイスが示した（19世紀的な）技術変化

の見解とはきわめて対照的だが，単純化，規模の縮小によってイノベーションが進展することはよくある。——おそらく，大部分のイノベーションはそうである[1]．これが20世紀の支配的なトレンドだったというのは，ほぼまちがいないだろう[2]．最も規模集約的な分野のなかでも，たとえば発電分野では，航空転用型ガスタービンを用いたコンバインドサイクル発電技術が開発されたことで，電気容量の最小効率規模は著しく引き下げられた（Joskow [1997], p.123）．また電話通信分野では，広義には半導体技術の進歩，狭義にはPBX（private branch exchange：構内交換機）の発展がもたらされたため，交換（switching）の機能については，集権的なネットワーク技術に代えて分権的なネットワーク技術にたよるようになった（Vietor [1994], p.188）．同時に，人口増加，所得増加，新たに活気づいた国際貿易といった諸要因のため，市場は次第に厚みをもつようになった．とくにこの点が意味していたのは，技術によって規模の縮小がおこりそうにない場合ですら，既存の固定費用が市場の範囲と比べて低下したということである．たとえば，コンバインドサイクル発電技術が出現するまでのあいだに，市場規模の増大のため久しく発電の自然独占的な性格が奪われてしまった（Joskow and Schmalensee [1983]）．

---

1) このことは，アダム・スミスによる（18世紀的な）見解だったように思われる．イノベーションを駆動するのは，所与のさまざまなオペレーションをより簡潔に，経済的に実行したい，という望みにほかならない（Smith [1976], I.1.8）．
2) これは，長期にかんする主張とみなされる．短期的には，イノベーションによって規模の増大がもたらされるのはたしかだろう．さらに技術変化が規模に及ぼす影響は，とらえにくい場合がある．というのも，システムのある部分で規模の縮小を試みても，それが別の部分で規模の増大をもたらしうるからである．小型電動モータの出現によって，（結果的に）工場では集権的な蒸気力の崩壊がもたらされた（David [1990]）．だがそれにとどまらず，電力市場の規模を増大させ，（少なくとも初期段階では）発電規模の増大にも一役買った．実際にいくつかのケースをみてみると，インターネット，フェデックスが電信，鉄道と同じ規模増大効果をもたらしてきたのは明らかである．この点については，アマゾン・ドット・コムを想像してみよう．だが他の条件を一定とすれば，時間をつうじて所与の技術の規模は減少していく傾向がみられる（この点については，Langlois [1999a], p.56も参照）．

Ruttan and Hayami［1984］は，制度・組織変化についての私のストーリーと密接に関係する制度変化論を提示した．彼らが考えるように，典型的には技術変化によって生じる相対的稀少性の変化は，潜在的に制度イノベーションをおこそうと企てている主体の眼前に，新しい経済レントの源泉という誘因をつり下げることによって，制度変化にたいする需要を創出する．変化が生じるかどうかは，変化を生み出す——あるいは変化を妨げる——立場にある人々をうまく説得できるかどうか，にかかっている．説得を行うには，実現可能になるレントの直接的・間接的な共有が一般的には必要となるので，このレントが増大するにつれ，変化が生じる公算は大きくなっていく．そして，制度，組織というシステムが経済の実態とのあいだに不整合をきたすようになれば，それだけ再配置によって生じるレントも大きくなる．技術・市場の変化によって魅力的なレント・シーキングの可能性が開かれることになるが，その可能性を現実化するには，専門的な俸給経営者が運営する株式会社の垂直型構造の解体，もしくは「アンバンドリング」を実行するしかないというのが，私の主張にほかならない．おそらくこの点については，ほとんどの人々が扱いにくいと考えてきた垂直統合のケース——規制下の公益事業——をみれば，一目瞭然だろう．ここでは，長距離電話技術の考察だけで十分だと思われる．この分野でのAT&Tの訴訟ホールドに風穴をあけることができれば，誰もが規模縮小型の技術変化——マイクロ波伝送——によって機会を創出できた[3]．MCIの企業家ウィリアム・マッゴーワン（William McGowan）は，政策変更を求めてFCC（Federal Communications Commission：連邦通信委員会）を説得したのにはじまり，AT&T解体を扇動したが，こうした一連の動きに多大な資源をつぎこんだ最初の人物となっ

---

[3] このケースにおいて，レント・シーキングの可能性が生み出されたのは，一部にAT&Tの価格構造によると思われるが，それは政治的な理由により，長距離サービスを犠牲にする形でローカル・サービスに補助金を与えるような構造だった．——規制下の独占というAT&Tの地位がもたらした，相対的稀少性との不整合があったのである（Vietor［1994］, p. 183）．

た (Temin [1987]). 電力 (Kench [2000]), その他の産業における規制緩和にも, これとよく似た話があてはまる. さらに規制が少ない産業でも, 同様のアンバンドリング・プロセスは進行しており, 組織変化にたいする障害が一切存在しないとはいかないまでも, 規制産業と比べれば実質的に軽微な障害にとどまっている.

チャンドラーが記録した規模, 範囲という内的動力はいくつかの面で, ヘーゲル的な仕方で株式会社自体の破滅に寄与したといえよう. 1960年代の株式会社は, 既存の経営スキル, その他のケイパビリティをもっと広く応用せよ, というチャンドラー・ペンローズ的な至上命題に突き動かされながら, 多角化の考え方を新しい次元へと昇華させたのだった[4]. ITT がまさにその模範となった. 元来, 電話交換機を国際的に供給していたこの企業は, 何よりも保険会社, ホテル・チェーン, ホステス・ツインキー (Hostess Twinkies™)[†] を製造していたメーカーなどを次々と買収していった. ロウが論じているように, コングロマリットを形成していく過程で, 「経営者は, 子会社, 部門をチェス盤上のコマのごとく自由に動かせることを学んだ」 (Roe [1996], p.113).

　　コングロマリットはさまざまな独立の企業によって形成され, こうした企業の統括にあたる中核的な本社をもっていた. この形態は1960年代に広く利用されたが, それによって経営者は, 企業の諸部門を自由に組み合わせられることを学んだ. コングロマリットの観点からすると, 買収ターゲットの株式を買い占めるとともに, 以前は独立していた企業を内部に取り込み, その経営を本社が担うことによって, 敵対的買収をつうじた外部

---

[4] もちろん, さまざまな制度的要素も関係した. Roe (1996) は, 配当より内部留保を優遇する税制を指摘する. また Shleifer and Vishney (1991) が論じるように, 1960年代の厳格な反トラスト政策のせいで, 潤沢なキャッシュをもつ企業は, 関連産業における企業買収を思いとどまり, 無関連多角化を余儀なくされたのだった.

[†] [訳注] アメリカの製菓会社ホステスが開発したクリーム入りのチョコレート・ケーキを意味する.

企業の内部化を進めていくという仕方は，組織化の考え方を少しだけ飛躍させたものにすぎなかった．1つのコングロマリットを構成するさまざまなコマをいったん組み合わせたとしても，また後でばらばらにすることができる，と1980年代に認識されるようになった．こうした認識は，小さいながらも知的な飛躍がさらに生じたことを意味した．(Roe [1996], p.114)

さらに注意すべき点は，経営者が諸部門をチェス盤上のコマのごとく自由に動かせたのは，何よりもモジュール型のM型組織によるところが大きい．

証券市場における数々のイノベーションの恩恵をうけながら，1980年代に押し寄せたLBO（レバレッジド・バイアウト）の波は，1960年代に形成されたコングロマリットを次々と解体していった．Bhagat, Shleifer, and Vishny [1990] が記すように，「敵対的買収は，おおむねアメリカ企業の脱コングロマリット化（deconglomeration）を意味し，企業による特化への回帰を表す動きとみなされた」(p.2)．実際，1990年代に特化は戦略のスローガンとなった．マイケル・ポーター（Michael Porter）が1980年に発表した最も影響力の大きい企業戦略のテキストは，緩衝メカニズム，環境のコントロールをつうじて収益を獲得せよ，という忠告を読者に与えたのにたいして，1990年代に主導的な地位にたったグルの教えでは，成功のカギは企業内部に秘められており，企業が成功するにはそのコア・コンピタンスに回帰しさえすればよい，とされた (Prahalad and Hamel [1990])．つまり，「靴屋よ，靴型でとどまれ」‡) ということだろうか．

しかしこれまで十分に観察されなかった点は，1980年代の変化は1950年代の前コングロマリット化時代への回帰，すなわちチャンドラーが描き出した「現代株式会社」への回帰を意味するものではないということである．つまり，根本的な何かが変わっていたのである．株式会社はコングロマリット

---

‡) ［訳注］そもそも，ギリシャの画家アペレウスとある靴屋とのやり取りにもとづいた警句である．要するにそれが意味するのは，自分の本分を守り，それ以上は出てはならないということである．

化していないものであっても，部門というモジュールが複数集まってできた混合物なのだとすれば，企業としての特化という考え方を論理的に拡張してみると，無関連部門ばかりか垂直関係をもつ部門をも分離することができよう．ジョージ・リチャードソンが指摘するように，ある生産プロセスを構成するさまざまな垂直段階のどれもが，類似的なケイパビリティを必要としているというのは，まったくありえない話である．だが，それが実際におこるようになったのである．ティモシー・スタージョンが記すように，「1990年代のアメリカの産業システムを概観しただけでも，現代株式会社とは似ても似つかない組織のパターンが明らかになる」．

　この国で最も多くの従業員を雇用しているのは，GMではなくマンパワー（Manpower Inc.）という人材派遣会社である．また，最も多くの旅客ジェット機を所有しているのは，ユナイテッド航空（United Airlines）でも，他の主要航空会社でもなく，GE（General Electric）の航空機リース部門にほかならない．アメリカの自動車メーカーは，社内の部品子会社をスピンオフするとともに，自動車のサブシステムのデザイン・製造についてはあまねく1次サプライヤーへのアウトソーシングにたよってきた．1992年以来，IBMはすっかり変貌を遂げ，以前は自社製品専用にして用心深く保護してきた，基本コンポーネントを供給する商人になりつつある．今日われわれが目にしている出来事は，現代株式会社の理念型とはほとんど関係がないように思われるとしても，それなりの理由があってのことなのだろう．おそらくアメリカの産業システムは，新たに到来したより激しいグローバルな競争環境に適応しはじめたのだろうが，こうした環境はまず競争的な危機を誘発したのだった．そして，おそらくわれわれは，新しいアメリカ型の産業組織モデルの勃興に立ち会っているのであって，単に古いモデルへの回帰を経験しているわけではない．

(Sturgeon [2002], p.454)

多くの点でこの新しいモデルの構造は，経営者資本主義時代の構造というより，南北戦争前の構造に酷似している．生産は無数の独立した企業により行われ，これらによる産出は広義の市場取引をつうじてコーディネートされている．経営者のみえる手が消えつつあるというのは，まさにこのような意味においてである．だがニュー・エコノミーは，南北戦争前の構造とはちがい，高スループット型システムにほかならず，仕事の流れが古典的なチャンドラー的ヒエラルキーと比べてかなり緊密にコーディネートされている．

おそらく1990年代で最も重要な意味をもつ組織の発展として，垂直分解・特化の進展を挙げることができよう．私の目的は，こうした組織の発展を立証することではなく，あくまでもそれを説明することにある．だがここに明白な証拠がある．垂直統合の測定は，けっして簡単な仕事ではない．しかし国際経済学者は，貿易フローのデータを用いることで以下のような発見をした．すなわち，「世界市場の統合が進んだことによって，それと同時に生産プロセスの分解がもたらされた．…今日，企業は国内，海外のいずれかで実行できる生産プロセスの大部分について，アウトソーシングにたよるのが有利だということを認識するようになっている．このことは，アメリカの製造業の基盤をなしていた垂直統合型生産方式――自動車産業によって例証されるいわゆる「フォーディズム」に依拠した生産――の崩壊を表す」(Feenstra [1998], p.31)．Baldwin, Beckstead, and Caves [2002] は，カナダの統計データを用いて以下の事実を見出した．すなわち，市場の範囲が拡大したため，カナダ企業は長年にわたって工場・企業の特化を進展させてきたが，1988年以降はNAFTA（North American Free Trade Agreement：北米自由貿易協定）の帰結として商品の特化を加速させた．

事例証拠も同じく強い説得力をもっていよう．エレクトロニクス産業では，サンミナ-SCI（Sanmina-SCI），ソレクトロン（Solectron），フレクストロニクス（Flextronics）といった企業[†]は，あらゆる種類の電子機器の受託製造に特化している（Sturgeon [2002]）．しかし，電子機器そのもののデザイン，流通，マーケティングを一切行わない[5]．製薬産業では，主要な統合

型企業は製造,マーケティングをDSMのような企業に,そして臨床試験をクインタイルズ・トランスナショナル（Quintiles Transnational），コバンス（Covance）といったCRO（Contract Research Organization：開発業務受託機関）にそれぞれ委託することで,ますますアウトソーシングに依存しつつある．半導体製造で確認できる新しいトレンドとしては,いわゆるファブレス半導体企業の出現を指摘できよう．ファブレス半導体企業は,デザイン,開発,マーケティングといった機能を保持してはいるものの,自前の製造工場（業界用語で「ファブ」という）を所有していない．その代わりに,実際のチップ製造は専門的な「シリコン・ファウンダリ」に委託している（Langlois and Steinmueller [1999], p.51）．またアメリカの自動車メーカーは,1990年代にクライスラー（Chrysler）が口火を切る形で,プロダクト・デザイン戦略やサプライ・チェーン戦略のモジュール化に着手するとともに,下請業者にたいする依存度を高めていった（Fine [1998], pp.61-62）．ビッグスリーは,それぞれデルファイ（Delphi），ヴィステオン（Visteon）といった自社の部品部門のスピンオフを実行し,2000年に他のいくつかの自動車メーカーと共同で,コビシント（Covisint）というB2Bの電子調達ネットワークを形成した．もし今日,グスタバス・スウィフトが氷を輸送したいと思えば,バックス・グローバル（Bax Global），メンロ・ワールドワイド（Menlo Worldwide），ライダー（Ryder）などの多くのサードパーティ・ロ

---

†）［訳注］これらの企業,その業態は,EMS（Electronics Manufacturing Service）と呼ばれる．ちなみにフレクトロニクスは,2007年6月にソレクトロンの買収を発表し,同年10月に買収手続きを完了した．

5) より正確にいえば,これらの企業は自社製品のブランドをもたない．ニーズがあれば,設計,エンジニアリングといったサービスを提供することもあるだろう．たとえば,フレクトロニクス,ソレクトロンは,ハンドスプリング（Handspring）のPDAであるヴァイザー（Visor）にかんして製造の円滑化,TTM（time to market：製品を市場に投入するまでの期間）の短縮化を実現すべく,製造はもとよりデザインにも携わった（Dolan and Meredith [2001]）．他方,デザイン・サービスは,市場で購入することもできる特製品にほかならない．専門的なデザイン会社であるアイディオ（Ideo）は,ハンドスプリングの別機種であるヴァイザー・エッジ（Visor Edge）のデザインを担当した．

ジスティクス企業を利用することができよう．話を続ければきりがないので，これくらいにとどめておくが．

もちろん以上の話は，特化を示唆する．だがさらに，これらの外注業者もゼネラリストだという点に注意を向けなければならない．フレクストロニクスは，発注すれば，事実上どんな種類の電子デバイスでも組み立ててくれよう．DSM は，注文すれば，どんな薬でも生産してくれるだろう．そして，台湾（および他国）のシリコン・ファウンダリは，メールでデザインさえ送信すれば，どんなチップでも製造してくれるだろう．また自動車産業では，部品のサプライヤーは主力製品であるサブシステムの枠を超えて，ケイパビリティを一般化しつつある（Fine [1998], p.65）．このように機能の特化とケイパビリティの一般化が結びつくという現象は，黎明期のアメリカにおけるゼネラリスト型商人を想起させる[6]．実際にそれは，スミス的なプロセスの典型的な特徴にほかならない．ジョージ・スティグラー（George Stigler）は，このプロセスを分析した有名な論文のなかで自ら「一般的専門性（general specialty）」（Stigler [1951], p.192）と呼ぶものに注目した．彼が念頭においたのは，さまざまな産業に便益をもたらしうる鉄道業務，輸送業務，銀行業務といった活動だった．だが外注業者は，経済学者がいう「一般目的技術（general-purpose technology）」（Helpman [1998]）を表す控え目——縮図的——な例となっているのは明白である．このように一般的専門性を志向するトレンドは，チャンドラーが *Scale and Scope* のなかで観察したケイパビリティと製品の分離というプロセスが持続していることを示す．一般的専門性は，市場システムが不確実性を緩衝するためのメカニズムでもある．一般的専門性をもつ主体は，特定の製品・ブランドにしばられず，さまざまな製品・ブランドを扱う多数の供給主体からの仕事を受託するので，ポートフォリオをかなりうまく分散できる．それによって需要はうまく調整

---

[6] 経営に特化しているが，一般的な経営ケイパビリティをもつチャンドラー的な経営者のことではない．

され，高スループット型生産が促される[7]．

　最も重要な一般目的技術のなかでも，とくに社会制度を挙げねばならない．生産段階の分権化が市場の範囲によって左右されるのと同様，市場の範囲は特化，交換を支えている制度によって左右される．保証をうけるとともに譲渡可能でもある財産権が一例として挙げられるにせよ，さらに特殊な制度が特定の市場で機能する．その多くは，スタンダード（標準，規格）の形態をとる．分権化は，さまざまな生産段階を明確に分割する能力を含意するが，個々の生産段階は，高いコーディネーション費用を必要とすることなく，個々の管理に委ねられるという意味で明確に分割できる．つまり分権化は，生産段階間の「インターフェース」がある程度は標準化されることを含意する．極端だが，よくみられるケースとして，標準化したインターフェースのために，製品がモジュール型システムに変わってしまうこともおこりうる（Langlois and Robertson [1992]）．

　モジュール型システムは，古典的な大量生産の特徴である高スループット型技術と同じく，標準化を必要とし，標準化によって生み出されるものでもある．だが，製品・プロセス自体を標準化する古典的な大量生産技術とはちがい，より抽象度の高いもの——ゲームのルール，もしくは Baldwin and Clark [2000] が可視的なデザイン・ルール（visible design rule）と呼ぶもの——を標準化している．参加主体は，こうしたルールに忠実にしたがう限り，自分が担う諸活動の詳細をいちいち伝達しあう必要はなく，その詳細については隠れたデザイン・パラメータ（hidden design parameter）となる．モジュール化は，標準化を一段と抽象的なレベルへと昇華させることによって，不確実性を緩衝する際の経営・統合の必要性を減らす．そのための単純

---

[7] こうした帰結は，OR（オペレーションズ・リサーチ）の研究者がいうところの「変動のプーリング（variability pooling）」（Hopp and Spearman [2000], pp.279-282）によってもたらされる．個々の需要の源泉をプールしたとき，総需要の変動は個々の源泉の変動を足した総和よりも小さくなる．変動の減少は，固定費用のかかる設備の稼働率を高めることにより，平均費用が低下することを意味する．この現象の背景には，かつて経済学者が備蓄の経済と呼んだものがあろう（Mulligan [1983]）．

な仕方を1つ挙げると，高スループットの実現に必要な製品標準化の程度を小さくするという仕方がある．この仕方は，かなりの注目を集めたマス・カスタマイゼーションという現象にみられる (Cox and Alm [1998])．たとえばPC は，1970 年代，1980 年代に発展したきわめて高度なモジュール型構造をもつが，この構造のおかげで，マイケル・デルをはじめとする企業家が，標準化されたさまざまなコンポーネントを，あたかもレゴ (Lego™) のように自由に組み合わせることで，PC の受注生産・販売をはじめられるようになった．PC メーカーはその過程で，経済学者のいう製品空間をおおよそ網羅できるようになった (Langlois and Robertson [1992])．すなわち，製品の微調整を行うことで，個々のユーザーのニーズにかなり近づけるようになった．規模の経済を実現するのに，ほぼ同じ製品をスペック通りに大量生産する必要がもはやなくなったとき，環境の不確実性をもたらす主な原因がなくなる．これにともない，環境の不確実性を緩衝する必要もなくなってしまうのである[8]．

モジュール型製品が分権的な生産ネットワークに埋め込まれる場合，供給サイドにも便益が生ずる[9] (Langlois and Robertson [1992])．その一例としてモジュール型システムは，かなり広範なケイパビリティにたいして技術を開放し，利用できるようにする．このシステムは，きわめて包括的なチャンドラー的株式会社の内部ケイパビリティにとどまることなく，経済全体の・外・部・ケ・イ・パ・ビ・リ・テ・ィから便益を享受しうる．外部ケイパビリティは，「市場の範囲」に関わる1つの重要な側面にほかならず，市場の範囲とは，潜在的な取引主体の数だけでなく当該市場の参加主体が入手できる累積的なスキル，経

---

[8] Lamoreaux, Raff, and Temin [2003] は，需要の側面から同様の指摘をしている．第2次世界大戦後のアメリカでは所得が増大したため，消費者は次第に非差別化製品にあきたりなくなり，大規模なチャンドラー的企業には劣位性が，より小規模でフレキシビリティをもつ組織単位には優位性が，それぞれもたらされたのだった．この議論については，以下で立ち返る．
[9] 経済学の文献は，モジュール化のスタンダードを供給サイドから大きく取り上げることなく，もっぱら需要サイドのネットワーク効果に焦点をあててきたといえよう．

験，技術をも包含する概念なのである．またモジュール型システムは，代替の経済（Garud and Kumaraswamy［1995］）もしくは範囲の外部経済（Langlois and Robertson［1995］）を創出しうるため，企業のケイパビリティの連鎖における最も弱い連結による制約をうけることはなく，広範な市場が供給する最良のモジュールを利用できる．さらにオープン・モジュール型システムは，新しいアイデアがより多くのエントリー・ポイントをえられるようにするうえで，Nelson and Winter［1977］のいう敏速な試行錯誤型学習を生み出し，イノベーションを促進する[10]．しかし現在の議論の観点からすれば，モジュール型の生産ネットワークは，追加的な緩衝メカニズムの提供というきわめて重要な便益を供給サイドにもたらす．

　スタンダードを含む社会制度は，別の形で特化，取引を支えうる．市場が「厚み」を増しているとみなされる場合，既存の商品を扱う取引主体の数が増えていると考えられる．だが流動性は，最初に市場を設ける際の問題でもある．換言すれば，市場の発展は新しい取引単位の創造に関連するのであり，このことはたいていの場合に重要な意味をもつ．こうした取引単位として，慣習的な意味での「新製品」——フラフープ（Hula Hoop™），ビーニーベイビーズ（Beanie Babies™）——がありうる．だが，市場の発展の軸となる新製品は，より大きなシステムを構成する断片にすぎず，距離をおいた取引のために標準化されるようになり，やがては製造中止の憂き目にあうだろう．たとえば，自動車保有車両の老朽化が進み，数多くのサードパーティ・メーカーの生成が促されたために，1920年代に予備部品市場が発展を遂げ

---

[10]　近年 Baldwin and Clark［2000］はファイナンス理論の言語を用いて，この点にかんする説明を展開してきた．オープン・モジュール型システムで生じるそれぞれの実験をリアル・オプションとみなすのであれば，たとえオープン・モジュール型システム，クローズド型株式会社それぞれのシステムで同数の実験が行われたとしても，前者は後者より大きな価値を創造できる．このことは，ファイナンスの定理にもとづく帰結であって，さまざまなオプションからなる1つのポートフォリオ（モジュール型システム）は，1つのポートフォリオのなかの1つのオプション（株式会社の内部で行われる実験）よりも価値がある．

た (Langlois and Robertson [1989], p.369). さらに深層に立ち入ると, 予備部品市場の発展は, 「ドミナント・デザイン」にしたがい自動車を標準化したために可能になったのであり, それによって, リストにあるさまざまな部品の品質の変動が小さくなった. デザイン, 部品が毎年変更されるとしても, 道路を行き交う多くの自動車は事実上モジュール型システムとみなされ, しかもそのモジュールの多くは標準化されているために市場で取引できるのである.

最近の例について考えてみよう (Jacobides [2005]). モーゲージローン (住宅抵当貸付) の諸段階——住宅ローンの組成, 審査, 保有, サービシング (管理回収) ——は, 伝統的に銀行, S&L (savings-and-loan association : 貯蓄貸付組合) の内部で統合され, そこですべての業務が行われた. 銀行は, 非対称情報, 潜在的なモラル・ハザードに遭遇したときのデフォルト・リスク, その他のリスクを, 垂直的なコントロールによって緩衝できた. しかし1970年代に, 政府系金融機関であるFNMA (Federal National Mortgage Association : 連邦住宅抵当金庫), 通称ファニーメイ (Fannie-Mae) はそれ自体の理由により, 金融市場での取引が可能で, ポートフォリオに組み込めるモーゲージ証券を生み出した. 結果的に生じたエージェンシー問題の解決を図るうえで, 当初はアメリカ政府の十分な信頼・信用に助けられてきたが, まもなくして証券の質を区分するためのスタンダードが出現し, 市場は他の政府系金融機関でも利用されるようになり, やがて民間金融機関にも波及していった. 前述したモーゲージローンのプロセスをなす各段階は, 典型的にさまざまな組織によって担われている.

モジュール化の意味をつきつめていくと, 分権化の背後にはかならずモジュール化がある (Langlois [2002b]) ということを理解できるが, 私は, チャンドラー的株式会社が純粋なモジュール型システム, 距離をおいた匿名の市場に完全に取って代わられてしまう, という理解には与しない. さまざまな事例を確認してみると, みえる手は, 実は技術的なスタンダードのなかに社会化されるようになった[11]のであって, こうしたスタンダードのために,

コーディネーションの外部メカニズムが可能になり，すぐれた情報の移転が必要ではなくなっていくのである．だが別のいくつかの事例をみてみると，重要な「インテグラル化」の特徴を維持し続ける製品もあり，信頼，永続性，すぐれた情報の移転をともなうコラボレーションの関係が諸段階間で生成するというのは，よくある話だろう（Helper, MacDuffie, and Sabel ［2000］）．PC は，モジュール型システムの縮図となっているが，マーケット・リーダーであるデル（Dell）は，所有してもいないさまざまな生産段階にたいして経営面でのコントロールをかなりきかせており，かつてスウィフトがチャンドラー的株式会社をつうじて生み出した密に統合されたロジスティック・システムを，契約をつうじて有効につくり出しているのである（Field ［2004］）．だが，経営の緩衝機能がモジュール化メカニズム，市場──情報分割，フレキシビリティ，リスク分散──の手に託されつつある，という傾向はもはや主流になりつつある．

歴史の終わり，歴史のはじまり

　大規模なチャンドラー的企業は，かつては相対的に優位だったはずなのに，なぜ現在ではそうではなくなってしまったのだろうか．組織形態を説明する過程は「複雑にならざるをえないばかりか，歴史によって条件づけられるものでもある」（Langlois and Robertson ［1995］, p.3），ロバートソンと私は長年にわたってこう主張してきた．だが第 1 章で示唆したように，条件依存理論による全体的変化の説明は，条件に依存したいくつかの重要な要因の全体的変化，すなわち境界条件のシステム的変化を指摘することによって可能になる．注目している変化が長期的なもの──たとえば，1950 年代，1960 年代をつうじた官僚的な大規模株式会社の勃興──だとすれば，条件依存的な説明ですら，歴史法則主義，もしくはそれに類するものとして解釈することは容易である．1 人あたり所得の増大，輸送・取引費用の減少によって複

---

11)　この表現は，マーティン・ケニーに負う．

数単位型大企業が必然的に生成されるのに加え，1人あたり所得が増大し続ける反面，輸送・取引費用が減少し続けることになれば，複数単位型の組織形態が成長し続けるというのが，必然的な帰結だと思われる．条件依存理論の支持者ですら，この必然的な帰結を歴史の終わりとみなすにちがいない[12]．だが今，われわれが説明しようとしている問題は，それより興味深いうえに複雑でもある．つまり，境界条件は単調に変化してきたようにみえるとしても，組織形態は単調に変化してきたわけではない．南北戦争前に組織配置の個体群は，もっぱら分権的な市場志向型の関係的形態によって構成されていたといってよい．チャンドラーが記録した時代においては，専門経営者が運営する大規模株式会社が群生することになり，その個体群のなかでも重要で，おそらく支配的でもあるような位置を占めるようになった．20

---

[12] Popper [1957] によれば，歴史法則主義は本質的に法則とトレンドを混同している．法則は無条件であるのにたいして，トレンドは歴史上の出来事のある特定の流れにほかならない．トレンドのなかには，歴史法則にならずとも，強力で永続するものもありうる．とくにポパーが与えているのは，人口成長，科学・産業の進歩は法則ではなくトレンドにほかならない，という示唆にほかならない．そうしたトレンドは，条件依存的であるうえに可逆的でもある．たとえば彼が記すように，科学の進歩は制度，その他の要因に依存し，しかもわれわれには，科学の進歩を止めてしまうような数多くの仕方を想像できる (Popper [1957], pp.156-157)．経済成長は，かなり永続的なトレンドだが，その基盤である制度的条件を適切に変えられれば，このトレンドも逆転させることができよう（事実として経済は浮き沈みをともないうるのであって，もしこう述べる私のことが信じられなければ，そうした事実を理解するために，劣悪な環境だといわれているジンバブエで素敵な休暇をすごしてみるとよい）．さらにポパーが述べるように，トレンドを説明するうえで法則（理論命題）を用いるのはまったく問題ないが，このことは，理論命題が「当該の特殊事例に付随した『初期条件』と呼ばれる特殊言明」(Popper [1957], p.123) をともなう場合に限ってあてはまる．初期条件そのものがトレンドなのかもしれない (Popper [1957], p.128)．だから，たまたま永続しているトレンドを説明するのであれば，こうした説明は事実上，歴史法則主義とはみなされない．つまり，永続的なトレンドの説明にすぎない．スミスの分業の説明——そして，私の消えゆく手の説明——は，理論命題，適切な初期条件の両方を用いてトレンドを説明しようという試みにほかならない．スミスのケースでは，他のすべての条件を一定とすれば，市場の範囲に起因して分業が生じる，ないし可能になる．このプロセスは潜在的には可逆的であり，この点については，ローマ帝国の没落後にヨーロッパでの特化が衰退した事実が物語っていよう (Dahlman [1980]; North [1981])．

世紀の最後の四半世紀についていうと，専門経営者が運営する大規模株式会社の相対的な重要性は低下していったが，その典型的な垂直統合度も同じく低下していった．——そのために，今日の組織配置の個体群は戦前期とかなりよく似たものになりはじめている．この主張に含まれた個体群のロジックに留意するのであれば，境界条件は単調に変化していたとしても，垂直統合は低い水準からはじまり，増大傾向を示すようになってから減少傾向に転じた，と述べることができよう．したがってある意味で，われわれが説明しているのは，垂直統合の長期的なトレンドではなく，あくまでも垂直統合の「円丘（こぶ）」にほかならず，このことは，1人あたり所得が増大し続ける一方，輸送・取引費用の低下がずっと続くとしても，ゆらぐことはない．

インターネット，その他の近代的なコーディネーション技術は，私のストーリーのなかでは，主役ではなくせいぜい脇役にすぎないということに，読者の方々は気がついたかもしれない．このような扱いは，技術がまた別のところでうけてきた扱いとはやや対照的である．2000年に『ニューヨーク・タイムズ（New York Times）』は，ロナルド・コースにたいして，想像しがたいことかもしれないが，まぎれもなくインターネット経済学のグルという称号を授けたのだった（Tedeschi [2000]）．内製か，購買か（make-or-buy），といった意思決定は取引費用によって左右される，とコースは1937年の有名な論文で論じた．したがって，インターネットは取引費用の減少をもたらしたので，コースはニュー・エコノミーの主要特性をいみじくも予言していたことになる．つまり，取引が企業から市場へとますますシフトしていくという特性をいいあてていた．もちろん，コースが実際に述べていたのは，企業の範囲は，マーシャル的な仕方で限界において決定されるということである．つまり企業は，取引を1単位追加的に内部化する費用が，当該取引を市場で行う費用と均等化するまで，（内部化した活動の数という点での）拡張を図る．そして，ハル・ヴァリアン（Hal Varian）が『ニューヨーク・タイムズ』に発表した最近の論考（Varian [2002]）は，情報改善型のイノベーションが市場構造に及ぼす影響は曖昧であることを，われわれに想起さ

せてくれる．つまりこうした影響は，市場で組織化する費用より企業内で組織化する費用のほうが，情報改善型のイノベーションによって大幅に低下するかどうか，にかかっている[13]．ヴァリアンが述べるように，われわれは鉄道，電信のおかげで 19 世紀に大規模垂直統合型企業を実現できた．

　したがって洗練された議論を展開するには，なぜ現代技術が企業よりも市場にとって有利になったか，を説明しなければならない．換言すれば，コーディネーション・通信技術という観点から例の円丘を説明するには，これらの技術が垂直統合にとって有利なものから垂直特化にとって有利なものへと「転換」した，と論じなければならない．Malone, Yates, and Benjamin [1987] は，インターネットがポピュラーになる以前の円丘上の点より少し早い年に発表した論文で，まさにそうした洗練された議論を展開した．彼らは，市場とヒエラルキーの境界を決める2つの決定要因——資産特殊性，製品記述の複雑性——を区別する．製品記述の複雑性というのは，「潜在的な買手が選択を行えるほど詳細に製品の諸属性を特定するうえで必要な情報量」(Malone et al. [1987], p.486) のことである．双方の決定要因について，現代技術は市場に有利になるよう限界をシフトさせる．フレキシブルな生産技術によって資産特殊性が減る一方，高帯域の通信技術によって複雑な製品情報をより低い費用で移転できるようになった．Malone and Laubacher [1998] は，本質的には同じ議論を展開した．彼らは最近まで，コーディネーション技術の改善であれば，事実上どれもが内部組織に有利に働く，と主張してきた．「産業時代のコーディネーション技術——電車，電信，自動車，電話，メインフレーム・コンピュータ——は，内部取引を可能にするのにとどまらず，有利にもした」(p.147)．近年では，いっそう強力なコーデ

---

13) 「記しておかねばならないのは，ほとんどの発明によって，組織化の費用と価格メカニズムを利用する費用の両方が変化するということである．このような場合，発明によって企業規模が大きくなるか，小さくなるかは，これら2つの費用に及ぶ相対的な影響に依存していよう．たとえば電話は，組織化の費用よりも価格メカニズムを利用する費用を大幅に低下させるのであれば，企業規模を小さくする効果をもっていよう」(Coase [1937], p.397n)．

ィネーション技術——PC，ブロードバンド通信ネットワーク——が発展したからこそ，市場が有利になっていったのである[14]．「さまざまな立地に分散したさまざまな人々のあいだで，即時的かつ安価に情報を共有できるため，集権的意思決定の価値ばかりか，多大な費用を要する官僚制の価値も低下している」(p.147)．

　これはストーリーのほんの一部にすぎないだろう．だが，私がここで提示している仮説は，ややとらえにくいというか，少なくともやや複雑であって，より高い一般性をもつといってもさしつかえないだろう．私見によると，消えゆく手という現象はスミス的な分業プロセスがずっと持続していることを示し，このプロセスではチャンドラーの経営者革命が中継地点となっている．消えゆく手は，コーディネーション技術の変化に加え，市場の範囲の変化——人口・所得の増大，市場のグローバル化——によってもたらされる．世界中で政治的な貿易障壁が低下することにより，19世紀のアメリカで技術的な貿易障壁が低下したときとよく似た影響が生じつつある（Findlay and O'Rourke [2002]）．これは革命なのだろうか，それとも長期にわたるトレンドの持続を示しているのだろうか．その答えは，どの見地にたつか，にかかっている．私の主張では，南北戦争後のアメリカ版「グローバル化」が，標準化，大量化を志向した生産のシステム的再編だったという点で，革命的であるのと同じく，新しい時代は，コーディネーション技術の変化，旧来から続く市場の範囲の増大の双方にたいする反応としてシステム的な脱垂直化を進展させたという点で，革命的なのである．

　コーディネーション技術は，組織形態にたいしてもっぱら外生的な影響を及ぼすものとみなされるのか，実際には明らかでない．電信の活用は，市場統合を促すことで経営者革命の実現に寄与した外生的な事象とみなしてよいだろう．だがそれ以外に，専門経営者が運営する組織が採用した多くのコー

---

[14]　ITによって垂直分解が有利になる，という傾向の経験的証拠については，Hitt [1999] を参照．

ディネーション技術——ファイリング・キャビネット，カーボン紙，タイプライター，謄写版——を想像すると，技術と組織の共進化という観点から考察するのがより有用なのかもしれない．チャンドラー的企業の時代における情報技術の変化を扱った多くの研究は，まさに技術と組織の共進化を描写してきた（Yates [1989], [2000]; Reinstaller and Hölzl [2004]）．複数単位型企業にたいするニーズによって統合費用の低下に向けた技術変化が「誘発」され，今度は統合によってさらなる技術変化が誘発されるといったことが，次々と重なっていった．現代では，当時とよく似ているものの，分解を志向した技術変化の動力が観察されよう．物理的技術と社会的技術は，他方に解決を求めて問題を相互に投げかけあいながら，互いに影響を及ぼしあっているのである．このことは一方で，組織構造がそれ自体を強化するような仕方で技術変化にバイアスをもたらす，という考え方を補強する．他方で，そうした技術変化を独立した原因としてとらえにくくしている．はたしてインターネットは，組織形態を決定的に変えてしまった電信のように，外生的な事象だったのだろうか．おそらく外生的な事象だったといえるだろう．しかし，デジタル世界で 0 と 1 ではなくドットとダッシュが通用していた時代にさかのぼると，イギリスのマンチェスターが e コマース（電子商取引）の国際的中心地だったわけで，その地において，電信は，歴史的にみて最も垂直分解が進んださまざまな生産システムの 1 つ——イギリスの綿織物産業——を支えていた活発な要素だった（Farnie [1979], p.64）．私見では，コーディネーション技術，取引費用，産業構造のあいだの関係については，今後取り組むべき研究課題だと思われる．

　ラモロウ，ラフ，そしてテミン（LRT）は，私の見解にも関係する円丘の「再転換」というまた別の説明を提示している．彼らは，技術を直接示唆する代わりに，所得変数に焦点をあてている．すでにみたように，古典的な大量生産は，標準化製品にかんする最適化を図ることによって，規模の経済を生み出してきた．標準化製品は，消費者にとって理想的な属性の束を含むものではなかったかもしれない．だが，その価格についてはきわめて安価だっ

たので，1ドルあたりの価値でいえば，そうした非差別化製品はより高価な専門品を凌駕していたとみなされる．しかし，20世紀に所得は増大し続けたので，消費者はより高品質で，個別化された財にたいする支払意志を高めていった．古典的な大量生産の時代の申し子であるチャンドラー的なヒエラルキーはあまりにも硬直的だったため，富裕になったそうした消費者を顧客として囲いこむ競争において，俊敏な専門企業群のネットワークには太刀打ちできないことが判明した（Lamoreaux, Raff, and Temin［2003］, p.430）．もちろん，輸送・取引費用も問題にしなければならない．まず，戦前の消費者の所得はかなり低かったが，彼らは市場，関係的契約に依存していた．そこでLRTは，ポール・クルーグマン（Paul Krugman）が構築した産業立地の中心・周辺モデル（core-periphery model）を借用することとなる．このモデルの予測を概略的に述べると，輸送費用が高いときに，消費に近い立地で生産が行われる一方，輸送費用が低下するにつれて，生産の立地を中心に設け，周辺へと輸送することが有利になりはじめるが，輸送費用がさらに低下してしまうと，中心・周辺構造のあり方は相対的に不明瞭になりはじめる（Krugman［1991］, p.111）[15]．このことからLRTが主張するのは，輸送・通信費用が高い場合には，「経済活動は局所的に展開されるため，小規模になっていく傾向がみられる．インターネットのように実質的に通信を同期できるようになり，きわめて安価な輸送が可能になる場合には，他のすべての条件を一定とすれば，経済活動は事実上どの立地でも可能になり，個々のニーズにあわせてうまく調整できるようにすらなる．だが，輸送・通信費用が膨大だとか，微小だとかいう極端なケースでなければ，特定の立地に，しかも大企業に生産活動を集中することで，優位性は生み出される」（Lamoreaux, Raff, and Temin［2003］, pp.429-430：傍点著者）．

　このような見解は，いくら厳密な解釈を試みたところで，そもそもわれわ

---

[15] 少なくとも引用されているモデルにおいて，ゼロの輸送費用の場合についても中心的なパラメータの値が1よりも大きくなることはないので，実際に再転換が生じることはない．

図1　LRTによる説明？

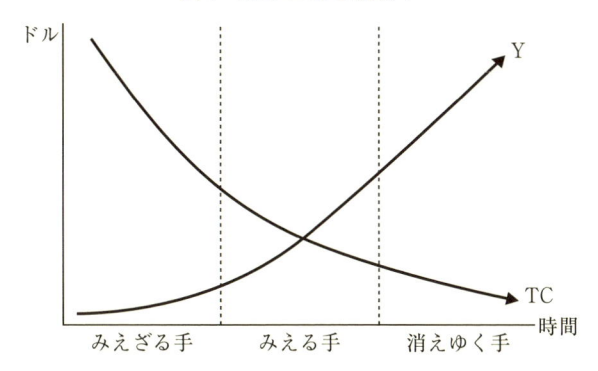

縦軸：ドル　横軸：時間

曲線：Y（右上がり）、TC（右下がり）

区間：みえざる手　／　みえる手　／　消えゆく手

れが求めている説明ではないことに注意しよう．クルーグマン・モデルはこうした見解を導いているにせよ，それが予測の対象とする大企業とは，あくまでも価格理論の意味での大企業（高位の生産量での生産を行っている企業）にすぎないのであって，コースが意味する大企業（多数の生産活動・段階を内部化した企業）ではない．このモデルは，企業がどこに立地するか，について示唆を与えているものの，企業がいかに組織化されるか，については扱っていない．実際，引き合いに出されたクルーグマンの著作（Krugman [1991]）の大部分（に加え他の仕事の多く）では，中心がマーシャル的産業地域のようになっていく，という示唆が与えられる．だが，こうした「再転換」という考え方をアナロジーとしてとらえたうえで，所得変数を導入するのであれば，われわれは実際に円丘の難問を解き明かすための1つのアプローチにたどりつけるだろう．図1を参照しよう．これはLRTではなく，あくまでも私が描き出したイメージにほかならない．ここでのストーリーにおいて，初期時点では高い輸送・取引費用（TC）が支配的な地位を占める．生産は小規模かつ関係的だという特徴をもち，この事実は低水準の所得（Y）によって補強されるにすぎない．このストーリーにおいて，現代経済の下では所得が支配的な地位を得ており，消費者が，特異で個別化された製

品を求めるようになっているが，こうした製品を適切に供給するには，俊敏な市場志向型の関係的形態がふさわしいだろう．低水準の輸送・取引費用は，こうした傾向を強化することになるか，あるいは強化できなければ，輸送・取引費用効果が需要効果によって凌駕されてしまうか，のいずれかとなろう．図の中間領域をみてみると，所得はいまだ相対的に低い水準にはあるが，輸送・取引費用は減少し続けている状況にあり，ここではチャンドラー的企業が最も有効に機能するだろう．

　チャンドラー的企業は，なぜこの中間領域で最も有効に機能するのだろうか．この点を説明する理論がもちろん必要である．しかしLRTは，それを明確にしていない．彼らは実際に多くの人々と同じように，古典的な大量生産は大規模垂直統合型企業を必要とする一方，カスタマイゼーションは小規模でフレキシビリティの高い関係的企業を必要とするということを，当然とみなしているきらいがある．両者の必要性については，はたしてなぜそうなるのだろうか．古典的な大量生産についていえば，互いに関連した2つの側面に着目せねばならない．すなわち，(1) 専用の機械設備，その他の特化した資産が必要となること，(2) 高スループット型装置では高い固定費用が生じてしまうこと，がそれである．もし第1の側面にしか焦点をあてないとすれば，LRTの全体的な議論に含まれるウィリアムソン的な論旨と整合したストーリーが得られよう．だが，両方の側面を勘案するのであれば，チャンドラーとかなり一致した説明につながるというのが，私の主張である．

　主流派の組織経済学が問題として取り上げるのは，生産的な資産がもつ高い特殊性にほかならない．ここで，資産が「特殊」だという意味は，ある特定の取引の文脈でしか当該資産がほとんど，あるいはまったく価値をもたないことをさす．つまり資産はアダム・スミスの意味でのタスクの特化を必要としないが，おそらく契約特殊資産とタスク特殊資産のあいだには相関が存在していよう．簡潔にいえば，主流派の組織経済学の文献において特殊資産が重視されるのは，特殊資産のせいで，搾取の潜在的な脅威が現実化してしまうからであって，こうした脅威は，特殊資産の共有をともなう内部組織を

つうじて回避できる．このような資産特殊性と古典的な大量生産の結びつきをさらに仮定するのであれば，LRT の議論にウィリアムソン的な支柱を施せるようになろう[16]．対照的にチャンドラーが問題にしているのは，スミス的な意味で資産が特化した高スループット型システムの経営にほかならない．専用の資産（ルーティン，知識も含む）を用いて非差別化製品を生産すれば，生産量をますます増やしていくことで間接費が分散されるようになり，単位費用は減少する．だがこの仕組がうまく機能するには，高い固定費用をともなう資産を最大限に活用することが不可欠となる．第 4 章で私は，1960 年代，1970 年代に発展を遂げた組織の「サイバネティクス」理論（Thompson [1967]; Galbraith [1973]）から緩衝という概念を借用し，この概念に依拠した説明を試みた．緩衝メカニズムは，組織，とりわけ高スループット型システムを環境の変動から保護する意図をもつさまざまな特性・デザインのことである．環境の変動として，機会主義的な行動に起因するホールドアップの脅威が挙げられるが，もちろんこれですべてだということにはならない．この説明によれば，チャンドラーが記述した経営構造は，ホールドアップ問題の解決手段としてではなく，あくまでも高スループット型システムにたいする脅威を「緩衝」するための持続的なコーディネーション・メカニズムとして生成したのである．

　LRT は，所得の増大，輸送・通信費用の減少について論じるが，むしろ私は，市場の範囲にかんする議論を選好する．つまり市場の範囲は，人口，1 人あたり所得とのあいだに正の相関をもつのにたいして，（技術的・政治的な）輸送・通信費用とのあいだに負の相関をもつだろう．市場の範囲が小さい場合の生産には，局所的，小規模，市場志向といった一連の特徴がみられるのは明らかである．市場の範囲が拡大していくにつれ，高スループット

---

16) このことは，ウィリアムソンにとっては吉報，凶報の両方の意味合いをもっていよう．一方では，資産特殊性が垂直統合の基本的な決定要因だという彼の見解を支持する．だが他方では，彼にとって重要な変数が現代経済において急速に重要な意味を失いつつあることを示唆する．

型システムを利用して規模の経済を享受することが有利になっていく．たしかに，需要サイドは重要な意味をもつ．すなわち，相対的に低所得の消費者はすすんで非差別化製品をうけいれようとするため，高スループット型生産を古典的な大量生産形態により実現できるのだが，そのためには，組織内の経営者が潜在的な規模の経済を現実化すべく，高位の緩衝を実現していかなければならないだろう[17]．しかし，供給サイドも重要な意味をもつ．市場の範囲が大きくなるにつれ，経営者による緩衝機能の多くは，市場（および市場支援型制度）によって代行できるようになるという部分が，私の議論では重要な位置を占める．

「はじめから市場は存在した」というのは，ウィリアムソンが知識発見の足がかりとして提示した有名な言明にほかならない（Williamson [1975], p.20）．市場とヒエラルキーの公平な比較を行ううえで，彼が暗に求めるのは，ヒエラルキーによって入手できると期待されるのと同じケイパビリティが契約をつうじて入手できる，という仮定である．歴史的・進化的視点からすると，こうしたヒューリスティクスは，われわれを正道から逸脱させてしまうとみなされる．これまで私は，このことを示すべく腐心してきた．とくに経済の重大な転換期には，適切なケイパビリティが契約をつうじて安価に入手できないという理由で，内部組織が生成することになろう．だが時間の経過にともない，市場の範囲が拡大していくにつれ，市場（広義に解釈した「契約」）はますます「有能」になっていくと予測できよう（Langlois [1992]）．時間の経過にともない，他のすべての条件（市場の範囲も含む）を一定とすれば，新しいケイパビリティの輪郭がいっそう鮮明となり，活動のルーティン化が進むにつれ，その理解も深化していくので，ケイパビリティは他の主

---

[17] Chandler [1992] が論じるように，高スループット型設備は「経営者のチームやヒエラルキーによる不断の注意を必要とした．潜在的な規模・範囲の経済は，定格能力によって測定され，生産設備の物理的特性を表す．実際の規模・範囲の経済は，スループットによって測定され，組織的なものとみなされる．このような経済性は，知識，スキル，経験，チームワークに依存している．つまり，技術的なプロセスの可能性を十分に引き出すのに必要な組織化された人的なケイパビリティに依存している」（p.81）．

体へと普及しはじめることになろう[18]．さらに経済主体は，非対称情報の問題を軽減するうえで，統合以外にさまざまな手法を発見できるようにもなろう．市場の範囲が増大するにつれ，他のすべての条件（知識を含む）を一定とすれば，市場，市場支援型制度（たとえば，フォーマルなスタンダード）が要するセットアップ費用を負担することが有利になるだろう．さらに，市場が厚みを増していくにつれ，（多数の潜在的によく似た取引が行えるようになるので）資産は取引特殊的ではなくなっていく一方，相対的な最小効率規模は一般的に小さくなっていく傾向がみられるだろう．つまり，最終的に市場は生成する．

　原則として，技術ないし外生的要素の劇的な変化によって既存の市場のケイパビリティが創造的に破壊され，既存の市場支援型制度が不適切なものになってしまうことになれば，もちろんチャンドラー的革命が再び生じることになるかもしれない．規模は小さいものの，チャンドラー的革命はたえまなく生じているといってもよい．第3章で述べたスイス時計産業のストーリーを想起しよう．だが，さまざまな組織形態からなる全体的な個体群における優位性の問題を考察するのであれば，市場の範囲の絶対水準を問題にしなければならない．まず，すでに確認したように，市場の範囲が拡大すれば，それだけより高位の「一般的専門性」「一般目的技術」を促進できるようになる．今の時代に操業を開始したチャンドラー的企業であれば，自社向けに一連の生産段階を新たにつくり変えることなく，現代的な金融市場，現代的な銀行，コンテナ輸送，翌日配送，PC，インターネットといったものを簡単に利用できる．このことが示唆するのは，市場の範囲が大きくなるにつれ，多様な企業によって構成された個体群に占めるその生態的地位がますます小さくなっていくばかりか，概してその垂直統合度が低下していくだろう，というチャンドラー的企業の行く末にかんする予測にほかならない．

---

[18]　Malone, Yates, and Benjamin［1987］の用語法でいえば，製品記述が標準化され，諸個人間での共有が進むので，取引の際に交換すべき情報は複雑ではなくなっていく．

図2 消えゆく手仮説

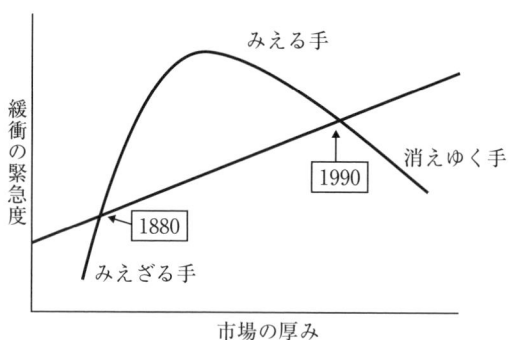

（グラフ：縦軸「緩衝の緊急度」、横軸「市場の厚み」。右上がりの直線「みえざる手」、放物線状の曲線「みえる手」「消えゆく手」、交点に1880と1990のラベル）

　図2は，消えゆく手仮説を可視的に要約したものである．私は，その独立変数を「市場の厚み（thickness of markets）」と呼んできたが，この変数は人口，所得，技術的・政治的な貿易障壁の高さといった外生的要素によって決定されよう．タテ軸には「緩衝の緊急度（urgency of buffering）」をとっているが，それは複雑性，逐次性，高スループットといった観点からみた生産技術の程度を意味する．問屋制の下で綿織物の生産を行うケースでは，緩衝の緊急度は低位になろう．またカリフォルニア州向けに電気を生産するケースでは，緩衝の緊急度は高位になろう．タテ軸を起点として北東方向へとのびる直線は，企業と市場の境界を表す．直線より上方の領域では，統合，経営をつうじた緩衝はさほど費用を要さない．また直線より下方の領域では，市場（ヨコ軸で与えられるように，ある厚みをもつ市場）をつうじた緩衝のほうが望ましいだろう．直線が右上りになっているのは，市場は厚みを増していくにつれ，製品の流れにともなう不確実性の緩衝能力を高めていくためである．この空間上で重ね合わせた放物線状の曲線は，消えゆく手仮説を表す．この曲線は，時間の経過とともに動く1つの経路とみなされ，2次元の図上で移動している何らかの抽象的な物体の軌跡を表す[19]．19世紀後半に実現した高スループット型技術，大量生産にはさまざまな可能性が秘められていたため，緩衝の緊急度は，何の前触れもなく急速に高まることに

なった．このことは，曲線の前半部分にみられる急勾配に反映される．つまり市場は，当初は未発達だったため，財務リスクを処理できなかったばかりか，製品の流れにともなう不確実性を緩衝できるほどの十分な厚みをもたなかった．だが，時間をつうじて2つの出来事が生じた．すなわち，(a) 市場は厚みを増していった，(b) 緩衝の緊急度は横ばい状態になってから低下しはじめた．緩衝の緊急度が低下した1つの理由として，技術変化によって生産の最小効率規模が減少しはじめたことが挙げられる．またもう1つの理由として，コーディネーション技術——企業内で適用されるものにせよ，企業境界を超えて適用されるものにせよ——の改善によって緩衝費用（したがって緩衝の緊急度）が低下したことが挙げられる．

やや恣意的かもしれないが，企業と市場の境界を示す直線と放物線上の曲線が交差する点に1880（年）と記した．この点こそ，まさにチャンドラー的革命の出発点にほかならない．同じく恣意的なのは否めないが，直線と曲線が再び交差する点に1990（年）と記した．この点から，いよいよ消えゆく手がはじまるのである．消えゆく手仮説の解釈によると，経営者革命とは普遍性をもつ歴史的なトレンドなどではなく，あくまでもスミス的な分業プロセスが不均等に発展した結果として，ある特定の時代に生じた一時的なエピソードなのである．私は，大規模株式会社を歴史の終わりとみなすよう奨励するどころか，むしろ大規模なチャンドラー的企業の時代の長い眠りから目を覚まし，実はアダム・スミスの世界に取り残されていた，という事実を悟るという『トワイライト・ゾーン（*The Twilight Zone*）』のエピソードへと誘ってきた．

チャンドラーの偉大な功績は，経営史という分野に1つの知的枠組をもたらしたことである．私が自らに課したのは，チャンドラー的（そしてシュンペーター的）な精神をとどめたままで，すなわち組織変化の解明に向けてチ

---

19) テクニカルな関心をもつ人々にとって，この放物線上の曲線は，第3次元（z）を時間とした3次元空間上の曲線の2次元空間への射影としてとらえられるだろう．

ャンドラーよりも大きな知的枠組の提示を試みることで，チャンドラーを再検討する，という課題にほかならない．あらためて指摘するまでもなく，複雑な歴史的変遷を単純な図で表現するのは，いささか危険な策とみなされるかもしれない．だがそれによって，有益なヒューリスティクスが与えられ，市場の範囲・進化，組織が直面してきたコーディネーション問題の変化といった諸要素の重要性に注意が向けられることになろう．経済成長は，アメリカにおいて 200 年以上にもわたる持続的なトレンドとなってきた．市場の範囲が拡大したのに加え，分割された知識の精緻化が進展したことについても，持続的なトレンドとみなしてよいだろう．実際にこれらのトレンドは，当然とみなされてしまうことがよくあるにせよ，現代の経済・組織生活にまつわる最も重要な事実なのかもしれない．組織の選択を説明するうえで，これらのトレンドを初期条件（ないし境界条件）として用いることは，歴史法則主義に該当する営みではない．だが，これらを斟酌できないとすれば，非歴史主義（ahistoricism）というレッテルを貼られてしまうことになるだろう．

訳者あとがき

　本書は，Richard Langlois [2007]，*The Dynamics of Industrial Capitalism: Schumpeter, Chandler, and the New Economy*. London: Routledge.の全訳である．著者であるリチャード・ラングロワ教授は，現在，アメリカ・コネチカット大学において経済学教授をつとめている．その学問的背景をトレースすれば理解できるように，英文学，天体物理学，経済システム・エンジニアリングなどという具合に，イエール大学，スタンフォード大学などで文系，理系の垣根を超えた超学際的な教育をうけてきた．その後，ニューヨーク大学で教鞭をとっていた時期もある (http://langlois.uconn.edu/)．ラングロワ教授の研究領域は，新制度派経済学，オーストリア経済学，経営史への貢献など実に多岐にわたるが，ラングロワ教授は，一貫して組織経済学の視点から企業境界に関わる問題に取り組んできた．

　また特筆すべき点として，2006年には，本書に関連した功績によりISS (International Joseph A. Schumpeter Society：国際シュンペーター学会) からシュンペーター賞を受賞した．本来，その英語版原書のタイトルを直訳すれば，『産業資本主義のダイナミクス――シュンペーター，チャンドラー，ニュー・エコノミー』となり，ジョゼフ・シュンペーター，アルフレッド・チャンドラーという2人の偉大な論者の見解を検討しよう，という意図が見出される．実際，EHA (Economic History Association：経済史学会) のホームページ (EH.net) に掲載された書評にもあるように，本書は，彼ら2人の思想史を手がかりに，株式会社が経済成長の面ではたしてきた役割を解明する試みと位置づけられる (http://www.eh.net/book_reviews/dynamics-industrial-capitalism-schumpeter-chandler-and-new-economy)．

しかし，あえてこの日本語版では，『消えゆく手——株式会社と資本主義のダイナミクス』というタイトルにした．その理由は，主に以下の2つである．第1に，その印象的な主題は，彼が2003年に発表した論文（Langlois [2003]）につけられたもので，その発表以来，後述するように，経営史，組織経済学などの分野を中心に重要な論争がまきおこったからである．第2に，チャンドラーのみえる手を，アダム・スミスのみえざる手を起点として現代のニュー・エコノミーへとつながっていく資本主義のダイナミクスのなかに位置づけ，「株式会社の理論的根拠・ロジック・原動力」を解明する，という彼が掲げた壮大な目的を明確にするためである．以下では，各章の内容を概観しておきたい．

第1章

株式会社は，1880年代以降の資本主義経済の変化につながる根本的な原動力・推進力を提供してきた．シュンペーター，チャンドラーの主張には，組織形態としての大規模株式会社は経済成長の原動力であることに加え，いかなる組織変化も経済成長をもたらす重要な要因となりうる，という見解も含まれているとみなされる．

しかし，20世紀後半から21世紀に入ってまもない現在にかけて，株式会社革命の解体が生じた．つまり，経営者のコントロールが数多くの垂直段階にまで及ぶ複数単位型企業が優位性を持続せず，垂直特化が増加したのである．結果的に，株式会社で行われる複数の生産段階の経営コーディネーションを意味するみえる手は，影のように姿を消しつつある．著者は，こうした現象を消えゆく手と呼ぶ．つまり，南北戦争前が市場コーディネーションのみえざる手を反映した時代，19世紀後半，20世紀前半が経営コーディネーションのみえる手の勃興を経験した時代だとすれば，ニュー・エコノミーは，消えゆく手の時代としてとらえられる．

著者は，シュンペーター，チャンドラーによる知的貢献を，大規模株式会社の盛衰を説明できるくらい大きな枠組のなかに位置づけようとする．そし

て，そうした組織変化を理解するうえでケイパビリティ論が有用だとする．すなわちそれは，知識・情報の限界こそが，組織が行う物事を理解するうえでカギとなるという考え方である．

とくにシュンペーターは，経済成長の実現といった面で，所有者経営型中小企業，複数単位型大企業のそれぞれがもつ長所に関心を抱いていた．しかし，これら双方の組織形態を経済成長の原動力として雄弁に擁護し，これらに関わりをもつようになったため，シュンペーターのパラドクスとでもいうべき事態を招来してしまった．

第2章

本章では，シュンペーターが試みた合理化の進展についての説明と，企業家の陳腐化についての説明とのあいだに，根本的な緊張（シュンペーターの緊張）が確認される，という主張が展開される．合理化の進展をめぐって，シュンペーターが発表した初期の著作における議論は，後期の著作における議論とはかなり異なる，という一般的な解釈が導かれた．つまり，大胆な企業家の重要性を認めたのが初期シュンペーター（シュンペーター I）だとすれば，後期シュンペーター（シュンペーター II）は，企業家の陳腐化の結果，新しい形態の経済組織が取って代わる様子を思い描いた，と．かくしてシュンペーターは，彼自身の周辺で生じた資本主義の歴史的発展を目のあたりにして変節した，と一般的には解釈された．

だが著者によれば，そうしたシュンペーターの二面性仮説はまちがっており，しかも，企業家の陳腐化にかんするシュンペーターの主張は1911年以前から一貫していることが，詳細な研究によって見出される．つまり，シュンペーターは変節したのではなく，経済プロセスにおける知識・無知の役割をめぐって2つの両立不可能な認識を共存させたため，シュンペーターの緊張が生じることになったのである．

著者は，イノベーション，経済成長を扱うどの理論にとっても，企業家精神という概念は不可欠だとする．そして，質的に新しいものを導入するとい

う企業家精神は，新古典派モデルに描かれている合理的計算とは本質的に異なった活動であることを強調する．

第3章

　本章では，シュンペーター的な企業家精神をヴェーバーが提示したカリスマ的支配の概念に結びつけて再構成する．シュンペーターはヴェーバーのごとく，リーダーの属人的権限に依拠することにより，経済変化の源泉をカリスマに見出した．創造的破壊という変化をひきおこすのは，企業家をおいてほかにない．
　これにたいしてチャンドラーにとって，大量のスループットにたいする不可避的な要請を十分に実現するうえで，組織におけるカリスマ的要素は妨げになるため，抽象的で専門性の高い構造が必要となる．つまり個人資本主義のカリスマ的要素は，産業資本主義において専門的な俸給経営者が運営する統合型構造にはそぐわないとみる．
　だがカリスマ的支配は，権利，責任が流動化したカオス状態においてコーディネーション問題を解決できる点で合理的である．組織のメンバーが新しい秩序に積極的にしたがおうとするのは，新しい秩序にしたがうという点について，他の数多くのメンバーが同時に合意する場合に限られる．カリスマ的支配は，こうしたコーディネーション費用を節約し，構造を確立するのである．
　著者は，このことを示すためスイス時計産業の歴史的事例に着目する．そこでは，シュンペーター，チャンドラーの意味での大規模株式会社としての組織化という合理化ではなく，ヴェーバーの意味での伝統主義の突破という合理化が進展した．スイス時計産業史は，シュンペーターが描き出したとされる合理化の進展とは合致しない．つまりスイス時計産業史の前半部分は，個人企業家が成長の原動力となっているが，そこでは集団的企業が属人的要素を凌駕する，という見方は成り立たないのである．
　すなわち著者によれば，1980年代のニコラス・ハイエクを中心としたスイス時計産業の転換は，個人のカリスマ的リーダーシップにまつわるストー

リーにほかならない．かくして著者は，資本主義の本質的要素のなかには，つねに属人的でなければならないものがある，と力強く主張する．

第4章
　本章では，進化デザイン問題に焦点をあてながら，主に歴史が扱われる．産業構造は，人口，実質所得，生産・取引技術の変化といった諸要因のために，新しい形でたえまなく提起されるので，進化デザイン問題とみなすことができよう．
　著者は，アメリカの組織が過去2世紀にわたってどう進化デザイン問題に取り組んできたかを扱い，その根底には，分業，機能の異化というスミス的なプロセスがあった，と論じる．しかし，市場の拡大，技術変化によって経済環境が変化したのと同じく，産業が直面する不確実性の緩衝に関わる進化デザイン問題もまた変化した．19世紀の経営者革命は，この問題にたいする1つの解となったが，この解は特有の時間・場所に適合していたにすぎない，という解釈が示される．
　南北戦争前のアメリカの生産・流通システムは，市場のみえざる手によってコーディネートされ，全体として当時の経済は，製造ではなく取引に焦点をあてていた．国内輸送の費用が高かったこともあり，無数の分断したローカル市場が生成し，生産・流通システムの分化がもたらされた．消費者の需要を一括してまとめられるとすれば，それは万能なゼネラリスト型商人に限られた．
　実際，19世紀に輸送・通信費用が低下したことで，地域障壁の崩壊，国内市場の統合が進展をみた．アメリカの市場規模は大きくなったため，輸送・流通関連の多くの段階では，規模の経済を享受すべく新技術を採用できるようになった．大規模な市場が機能するようになり，工場生産を活用して複数の生産段階を再編するのが経済的となった．また，大規模で耐久性の高い機械を利用することも経済的となった．結果的に，高い生産水準の下で単位費用を引き下げることができた．

チャンドラーは，これまで別々だった諸段階間の市場関係を，統合がおきかえていく仕方に焦点をあてた．著者によれば，統合が行われる理由は，動学的取引費用の観点から説明される．新しい価値の創造に際して，システムを構成する数多くの要素を同時に変化させねばならない場合，集権的コントロールによって，局所的な主体が抱く矮小なビジョンをうまくおさえられる一方，集権的所有によって，こうした主体の既得権益を容易に打ち負かすことができる．

19世紀の大規模株式会社は，高スループット型生産を緩衝するような経営構造を確立するにあたり，組織ケイパビリティのシステムをも創造した．その組織ケイパビリティは当初，規模を志向した経営とうまくかみあっていたが，やがて株式会社にたいして範囲の拡張を可能にするようになったのである．

第5章

本章では，組織変化の解明に向けてチャンドラーよりも大きな知的枠組の提示を試みることで，チャンドラーの再検討を試みる，という野心的な課題に取り組む．その際，市場の範囲が拡大したのに加え，分割された知識の精緻化が進展してきた，という持続的なトレンドに着目する．チャンドラーが重視した大規模株式会社は，1950年代，1960年代には，無敵の存在だと思われていたが，1980年代，1990年代には，株式会社に付与された無敵という代名詞は，正反対の意味をもつ言葉によっておきかえられてしまった．そこで，主に株式会社をめぐる組織変化に焦点があてられる．

著者は，1990年代で最も重要な意味をもつ組織の発展として，垂直分解・特化の進展を挙げる．経営者のみえる手が消えつつあり，生産は無数の独立した企業により行われ，これらによる産出は市場取引をつうじてコーディネートされつつある．だがそうしたニュー・エコノミーは，南北戦争前の構造とはちがい高スループット型システムにほかならず，仕事の流れがチャンドラー的ヒエラルキーよりかなり緊密にコーディネートされる．

たとえば，エレクトロニクス産業における EMS，製薬産業における CRO などのように，機能の特化とケイパビリティの一般化が進展し，一般的専門性をもつゼネラリスト型の主体が進化を遂げた．彼らは，特定の製品・ブランドにしばられず，さまざまな製品・ブランドを扱う多数の供給主体から仕事を受託するので，ポートフォリオをうまく分散できる．かくして一般的専門性は，市場が不確実性を緩衝するためのメカニズムと解される．

　消えゆく手仮説は，チャンドラーの経営者革命を中継地点とみなす．したがって，垂直統合が低い水準からはじまり，やがて増大傾向を示すようになってから減少傾向に転じる，という垂直統合の円丘（こぶ）に着目する．この現象は，コーディネーション技術の変化に加え，人口・所得の増大，市場のグローバル化によってもたらされるものだとみなされる．

　「はじめから市場は存在した」というのは，オリバー・ウィリアムソンの有名な言明にほかならない．しかし歴史的・進化的視点からすると，時間の経過にともない，市場の範囲が拡大していくにつれ，市場はますます厚みを増していく．他のすべての条件を一定とすれば，ケイパビリティは経時的に他の主体へと普及しはじめる．さらに，市場が厚みを増していくにつれ，資産は取引特殊的ではなくなっていき，相対的な最小効率規模は一般的に小さくなる．そこで著者は，「最終的に市場は生成する」と主張する．

　以上，本書の概観を試みたが，本書とその基礎となった研究成果（Langlois [2003]），いわゆる LRT（ナオミ・ラモロウ，ダニエル・ラフ，ピーター・テミン）の研究成果（Lamoreaux *et al*.[2003]）をめぐって，彼らのあいだでは，チャンドラーをもまじえ重要な論争（Lamoreaux *et al*. [2004]; Langlois [2004a], [2004b]; Chandler [2005]）が生じることとなった．さらに，著者が日本語版への謝辞にも記しているように，スーザン・ヘルパーと酒向真理の論文（Helper and Sako [2010]）をめぐって，彼女たちと著者のあいだでかわされたブログ（http://organizationsandmarkets.com/）でのやり取りも注目に値する．以下では，順にこれらについて簡潔にふれておこう．

LRTは，市場，企業に加え企業間の長期関係のネットワークが創発していること（コーディネーション・メカニズムの多様性）だけでなく，輸送・通信費用が減少し，1人あたり所得の増大により高品質製品にたいする需要が高まった（環境変化）ことにも着目する．そして，そうした創発的な環境において，フレキシビリティをもたない（チャンドラー的）大規模株式会社に比べて長期関係のネットワークのほうが有利になったとみなす．さらにLRTは，チャンドラー，ラングロワはそれぞれ，大規模株式会社，垂直分解を歴史の終わりとみていると断じ，いずれもウィッグ史観に依拠した見解にすぎない，として批判する（この点については，谷口［2006］，渡部［2008］などを参照）．

　次にHelper and Sako［2010］は，市場の厚みが外生的に与えられるとか，すでに確立されているとか，といった仮定を著者が採用している，と論じた．しかし著者は，これまでの自身の研究で，市場にせよ，企業にせよ，漸進的にしか進化せず，その過程で経営コーディネーションが必要とされてきたことを重視し，動学的取引費用論の構築に尽力してきた，と反論した（2010年4月19日のブログ）．しかし，この仮定について再検討を試み，実際に市場の厚みが企業にとって外生的なことはありうるとして，（ごくまれではあるが）企業が必要な市場を自ら創造するケースを指摘した（2010年5月11日のブログ）．これにたいして，ヘルパーと酒向は，著者の反論の正しさを認める一方，消えゆく手仮説の妥当性についてさらに検討すべき問題を提起した（2010年7月2日のブログ）．その意味で，著者と両教授とのやり取りは，大変意義深いものだったといえよう．

　このように著者が，垂直分解・特化の進展に着目した消えゆく手仮説を提示したことで，経営史，組織経済学などの諸分野でさまざまな反響が寄せられることとなった．しかし，ケイパビリティや活動に着目した企業観の下，「知識の限界ゆえに，経営者によるコントロールが及ぶ領域が限られる」（2010年7月3日のブログ）と主張する著者の立場を忘れてはならない．そうでなければ，企業境界について有益な理解はえられないだろう．

また著者は，製品・組織アーキテクチャについても言及している．この点で，生産段階間のインターフェースが標準化されるとすれば，製品がモジュール型システムに変わりうる，と論じている．著者によれば，モジュール化は不確実性を緩衝する際の統合の必要性を減らすのだという．しかし，生産物のモジュール性と企業境界の相互作用については，いまだ議論の余地のある問題であることにかわりはない（たとえば，Press and Geipel [2010] を参照）．著者が提起した多種多様な問題は，今後の理論的・経験的研究の進展を待ちわびているように思われる．

　翻訳の完成にこぎつけるまで，実に多くの方々のご助力をいただいた．まず，著者であるラングロワ教授はご多忙の折にもかかわらず，メールでのやり取りに加え，東京，湘南，スタンフォードで直接お会いした際のやり取りをつうじて，翻訳の改善に向けて貴重なご助言を与えて下さった．とくに，訳者をたずねて湘南に来られた際には，本書の内容はもとより，制度の性質，企業境界の問題，組織経済学の展開などについて，長時間にわたるインタビューの機会をいただいた（その成果の一部は，ラングロワ [2009] としてまとめられた）．

　また植竹晃久名誉教授，木戸一夫教授，谷口美樹氏，マーク・フルーエン教授，李維安教授，渡部直樹教授には，貴重なご助言やお力添えを頂戴した．そして最後に，本書の企画・編集にあたって，慶應義塾大学出版会の島崎勁一氏，木内鉄也氏には大変お世話になった．また校正にあたっては谷川孝一氏の協力を得た．翻訳の作業に思いのほか時間がかかってしまったが，寛容に見守り適宜にご助言を下さった．しかも，翻訳を未完のまま渡英してしまった訳者にたいして，実に細やかな便宜を図っていただいた．あらためて，皆様方には心から感謝を申し上げたい．

2011 年 7 月
ケンブリッジにて
谷口　和弘

「日本語版への序文」および「訳者あとがき」に関する参考文献

Baldwin, Carliss Y. and Kim B. Clark [2006], "Architectural Innovation and Dynamic Competition: The Smaller 'Footprint' Strategy," *Harvard Business School Working Paper* No.07-014.
Chandler, Alfred D., Jr.(1977), *The Visible Hand: The Managerial Revolution in American Business*. Cambridge, MA: Harvard University Press. (鳥羽欽一郎・小林袈裟治訳 [1979]『経営者の時代——アメリカ産業における近代企業の成立』東洋経済新報社)
Chandler, Alfred D., Jr.[1990], *Scale and Scope: The Dynamics of Industrial Capitalism*. Cambridge, MA: Harvard University Press. (安部悦生・川辺信雄・工藤章・西牟田祐二・日髙千景・山口一臣訳 [1993]『スケール・アンド・スコープ——経営力発展の国際比較』有斐閣)
Chandler, Alfred D., Jr.[2001], *Inventing the Electronic Century: The Epic Story of the Consumer Electronics and Computer Industries*. New York: The Free Press.
Chandler, Alfred D., Jr.[2005], "Response to the Symposium: Framing Business History," *Enterprise and Society*, 6: 134-137.
Coase, Ronald H.[1937], "The Nature of the Firm," *Economica*, 4, pp.386-405. (宮沢健一・後藤晃・藤垣芳文訳 [1992]『企業・市場・法』東洋経済新報社, に所収)
Dosi, Giovanni, Alfonso Gambardella, Marco Grazzi, and Luigi Orsenigo [2008], "Technological Revolutions and the Evolution of Industrial Structures: Assessing the Impact of New Technologies Upon the Size and Boundaries of Firms," *Capitalism and Society*, 3(1), http://www.bepress.com/cas/vol3/iss1/art6
Fields, Gary [2004], *Territories of Profit: Communications, Capitalist Development, and the Innovative Enterprises of G. F. Swift and Dell Computer*. Stanford: Stanford University Press.
Gilson, Ronald, Charles Sabel, and Robert Scott [2009], "Contracting for Innovation: Vertical Disintegration and Interfirm Collaboration," *Columbia Law Review*, 109(3): 431-502.
Helper, Susan and Mari Sako [2010], "Management Innovation in Supply Chain: Appreciating Chandler in the Twenty-First Century," *Industrial and Corporate Change*, 19: 399-429.
Lamoreaux, Naomi R., Daniel M. G. Raff, and Peter Temin [2003], "Beyond Markets and Hierarchies: Toward a New Synthesis of American Business History," *American Historical Review*, 108: 404-433.
Lamoreaux, Naomi R., Daniel M. G. Raff, and Peter Temin [2004], "Against Whig History," *Enterprise and Society*, 5: 376-387.

訳者あとがき 167

Langlois, Richard N.[2003], "The Vanishing Hand: The Changing Dynamics of Industrial Capitalism," *Industrial and Corporate Change*, 12: 351-385.
Langlois, Richard N.[2004a], "Chandler in a Larger Frame: Markets, Transaction Costs, and Organizational Form in History," *Enterprise and Society*, 5: 355-375.
Langlois, Richard N.[2004b], "Rejoinder," http://web.uconn.edu/ciom/Rejoinder.pdf
Langlois, Richard N.[2008], "Comment on 'Technological Revolutions and the Evolution of Industrial Structures' (by Giovanni Dosi, Alfonso Gambardella, Marco Grazzi, and Luigi Orsenigo)," *Capitalism and Society*, 3(2), http://www.bepress.com/cas/vol3/iss2/art7.
リチャード・ラングロワ［谷口和弘編訳］［2009］「企業と組織経済学」『三田商学研究』52巻2号，pp.1-17.
Langlois, Richard N. and Paul L. Robertson［1995］, *Firms, Markets, and Economic Change: A Dynamic Theory of Business Institutions*, London: Routledge.（谷口和弘訳［2004］『企業制度の理論――ケイパビリティ・取引費用・組織境界』NTT出版）
Lazonick, William［2008］, "Comment on 'Technological Revolutions and the Evolution of Industrial Structures' (by Giovanni Dosi, Alfonso Gambardella, Marco Grazzi, and Luigi Orsenigo)," *Capitalism and Society*, 3(1), http://www.bepress.com/cas/vol3/iss1/art3
Loasby, Brian J.［1990］, "Firms, Markets, and the Principle of Continuity," in J. Whitaker, ed., *Centenary Essays on Alfred Marshall*, Cambridge: Cambridge University Press.（橋本昭一監訳［1997］『マーシャル経済学の体系』ミネルヴァ書房，に所収）
McCraw, Thomas K.［2007］, *Prophet of Innovation: Joseph Schumpeter and Creative Destruction*, Cambridge, MA: Harvard University Press.（八木紀一郎監訳［2010］『シュンペーター伝――革新による経済発展の預言者の生涯』一灯舎）
Press, Kerstin and Markus M. Geipel［2010］, "Vanishing Hands? On the Link between Product and Organizational Architecture," *Industrial and Corporate Change*, 19: 1493-1534.
谷口和弘［2006］『企業の境界と組織アーキテクチャ――企業制度論序説』NTT出版.
渡部直樹［2008］「ラングロアの『消え行く手(vanishing hand)』仮説の批判――ポスト・チャンドラー・エコノミーと歴史法則主義」『三田商学研究』50巻3号: 57-81.

参考文献

Abramovitz, Moses [1956], "Resources and Output Trends in the U. S. Since 1870," *American Economic Review* 40(2): 1-23.
Alcaly, Roger [2003], *The New Economy*. New York: Farrar, Straus, and Giroux.
Alchian, Armen and Susan Woodward [1988], "The Firm is Dead; Long Live the Firm: A Review of Oliver E. Williamson's *The Economic Institutions of Capitalism*," *Journal of Economic Literature* 26(1): 65-79 (March).
Allen, Robert Loring [1991], *Opening Doors: The Life and Work of Joseph Schumpeter*. Two Volumes. New Brunswick: Transaction Publishers.
Atack, Jeremey [1986], "Firm Size and Industrial Structure in the United States During the Nineteenth Century," *Journal of Economic History* 46(2): 463-475.
Baldwin, Carliss Y. and Kim B. Clark [2000], *Design Rules: The Power of Modularity*. Volume 1. Cambridge: MIT Press. (安藤晴彦訳 [2004]『デザイン・ルール——モジュール化パワー』東洋経済新報社)
Baldwin, John R., Desmond Beckstead, and Richard E. Caves [2002], "Changes in the Diversification of Canadian Manufacturing Firms (1973-1997): A Move to Specialization," Statistics Canada, Analytical Studies Branch, Research Paper 179.
Barnard, Chester I. [1938], *The Functions of the Executive*. Cambridge: Harvard University Press. (山本安次郎・田杉競・飯野春樹訳 [1968]『新訳 経営者の役割』ダイヤモンド社)
Barnard, Chester I. [1948], *Organization and Management*. Cambridge, MA: Harvard University Press. (飯野春樹監訳 [1990]『組織と管理』文眞堂)
Barzel, Yoram [1987], "The Entrepreneur's Reward for Self-Policing," *Economic Inquiry* 25: 103-116.
Baskin, Jonathan Barron [1988], "The Development of Corporate Financial Markets in Britain and the United States, 1600-1914: Overcoming Asymmetric Information," *Business History Review* 62: 199-237 (Summer).
Baumol, William J. [1982], "Contestable Markets: An Uprising in the Theory of Industry Structure," *American Economic Review* 72(1): 1-15 (March).
Becker, Markus C. and Thorbjørn Knudsen [2003], "The Entrepreneur at a Crucial Juncture in Schumpeter's Work: Schumpeter's 1928 Hanbook Entry *Entrepreneur*,"

Advances in Austrian Economics 6: 199-234.
Berle, Adolph A., Jr. and Gardiner C. Means [1932], *The Modern Corporation and Private Property*. New York: Macmillan.（北島忠男訳［1958］『近代株式会社と私有財産』文雅堂）
Berliner, Joseph S. [1976], *The Innovation Decision in Soviet Industry*. Cambridge: MIT Press.
Bernanke, Ben [1993], "The World on a Cross of Gold," *Journal of Monetary Economics* 31: 251-267.
Bhagat, Sanjay, Andrei Shleifer, and Robert Vishny [1990], "Hostile Takeovers in the 1980s: The Return to Corporate Specialization," *Brookings Papers on Economic Activity: Microeconomics*, pp.1-72.
Bodenhorn, Howard [2000], *A History of Banking in Antebellum America: Financial Markets and Economic Development in an Era of Nation-Building*. New York: Cambridge University Press.
Boehm, Stephan [1990], "The Austrian Tradition: Schumpeter and Mises," in Klaus Henings and Warren J. Samuels, eds., *Neoclassical Economic Theory, 1870-1930*, Boston: Kluwer Academic Publishers, pp.201-241.
Bolton, Patrick and Joseph Farrell [1990], "Decentralizaion, Duplication and Delay," *Journal of Political Economy* 98: 803-826.
Carlin, Edward A. [1956], "Schumpeter's Constructed Type – the Entrepreneur," *Kyklos* 9: 27-43.
Chandler, Alfred D., Jr. [1962], *Strategy and Structure: Chapters in the History of the Industrial Enterprise*. Cambridge: MIT Press.（有賀裕子訳［2004］『組織は戦略に従う』ダイヤモンド社）
Chandler, Alfred D., Jr. [1971], "Business History as Institutional History," in George Rogers Taylor and Lucius F. Ellsworth, eds., *Approaches to American Economic History*. Charlottesville: University Press of Virginia for the Eleutherian Mills-Hagley Foundation, pp.17-24, reprinted in Thomas K. McCraw, ed., [1988], *The Essential Alfred Chandler: Essays toward a Historical Theory of Big Business*. Cambridge: Harvard Business School Press, pp.301-306.
Chandler, Alfred D., Jr. [1977], *The Visible Hand: The Managerial Revolution in American Business*. Cambridge: The Belknap Press.（鳥羽欽一郎・小林袈裟治訳［1979］『経営者の時代――アメリカ産業における近代企業の成立』東洋経済新報社）
Chandler, Alfred D., Jr. [1990], *Scale and Scope: The Dynamics of Industrial Capitalism*. Cambridge: The Belknap Press of Harvard University Press.（安部悦生・川辺信雄・工藤章・西牟田祐二・日髙千景・山口一臣訳［1993］『スケール・アンド・スコープ――経営力発展の国際比較』有斐閣）
Chandler, Alfred D., Jr. [1992], "Organizational Capabilities and the Economic History of

the Industrial Enterprise," *Journal of Economic Perspectives* 6(3): 79–100.
Chandler, Alfred D., Jr. [1997], "The United States: Engines of Economic Growth in the Capital-Intensive and Knowledge-Intensive Industries," in Alfred D. Chandler, Jr., Franco Amatori, and Takashi Hikino, eds., *Big Business and the Wealth of Nations*, New York: Cambridge University Press, pp.63–101.
Chandler, Alfred D., Jr. [2001], *Inventing the Electronic Century: The Epic Story of the Comsumer Electronics and Computer Industries*. New York: The Free Press.
Chernow, Ron [1998], *Titan: The Life of John D. Rockefeller, Sr*. New York: Random House.
Clarke, Benjamin Neil [1985], *Early American Technology: A Reexamination of Some Aspects of Connecticut's Industrial Development*. Unpublished MA thesis, University of Connecticut, USA.
Coase, Ronald H. [1937], "The Nature of the Firm," *Economica* (New series) 4: 386–405 (November). (宮沢健一・後藤晃・藤垣芳文訳 [1992]『企業・市場・法』東洋経済新報社, に所収)
Coase, Ronald H. [1988], "The Nature of the Firm: Origin," *Journal of Law, Economics, and Organization* 4(1): 3–17 (Spring).
Coleman, James S. [1990], "Rational Organization," *Rationality and Society* 2(1): 94–105.
Cox, W. Michael and Richard Aim [1998], "The Right Stuff: America's Move to Mass Customization," Federal Reserve Bank of Dallas Annual Report.
Crozier, Michel [1964], *The Bureaucratic Phenomenon*. Chicago: University of Chicago Press.
Csontos, László [1991], "Wieser's Influence on Schumpeter," appendix to R. N. Langlois, "Schumpeter and the Obsolescence of the Entrepreneur," Working Paper 91-1503, Department of Economics, University of Connecticut, USA, November. Available at http://web.uconn.edu/langlois/CSONTOS.HTML.
Dahlman, Carl [1979], "The Problem of Externality," *Journal of Law and Economics* 22: 141–162.
Dahlman, Carl [1980], *The Open Field System and Beyond*. New York: Cambridge University Press.
David, Paul A. [1990], "The Dynamo and the Computer: An Historical Perspective on the Modern Productivity Paradox," *American Economic Review* 80(2): 355–361 (May).
Diamond, Arthur [2006], "Schumpeter vs. Keynes: In the Long Run not All of Us are Dead," Working Paper, University of Nebraska Omaha (August 11). Paper presented at the International Joseph A. Schumpeter Society meeting [2006], Sophia Antipolis, France, June 22,
Dolan, Kerry A. and Robyn Meredith [2001], "Ghost Cars, Ghost Brands," *Forbes* (April 30), p.106.

Ebner, Alexander [2006], "Schumpeterian Entrepreneurship Revisited: Historical Specificity and the Phases of Capitalist Development," *Journal of the History of Economic Thought* 28(3): 315–332 (September).

Eichengreen, Barry [1992], *Golden Fetters: The Gold Standard and the Great Depression, 1919–1939*. New York: Oxford University Press.

Engels, Frederick [1966], *Anti-Dühring: Herr Eugen Dühring's Revolution in Science*, Tr. Emile Burns. New York: International Publishers (First published in German in 1878). (秋間実訳 [2001]『反デューリング論（上・下）』新日本出版社)

Enright, Michael J. [1995], "Organization and Coordination in Geographically Concentrated Industries," in Naomi R. Lamoreaux and Daniel M. G. Raff, eds., *Coordination and Information: Historical Perspectives on the Organization of Enterprise*. Chicago: University of Chicago Press.

Farnie, D. A. [1979], *The English Cotton Industry and the World Market, 1815–1896*. Oxford: Clarendon Press.

Faucci, Riccardo and Veronica Rodenzo [1998], "Did Schumpeter Change his Mind? Notes on Max Weber's Influence on Schumpeter," *History of Economic Ideas* 6(1): 27–54.

Feenstra, Robert C. [1998], "Integration of Trade and Disintegration of Production in the Global Economy," *Journal of Economic Perspectives* 12(4): 31–50.

Fields, Gary [2004], *Territories of Profit: Communications, Capitalist Development, and the Innovative Enterprises of G. F. Swift and Dell Computer*. Stanford: Stanford University Press.

Findlay, Ronald and Kevin H. O'Rourke [2002], "Commodity Market Integration 1500–2000," Center for Economic Policy Research Discussion Paper 3125, January.

Fine, Charles [1998], *Clockspeed: Winning Industry Control in the Age of Temporary Advantage*. New York: Perseus Books. (小幡照雄訳 [1999]『サプライチェーン・デザイン――企業進化の法則』日経BP社)

Foss, Kirsten and Nicolai J. Foss [2001], "Assets, Attributes and Ownership," *International Journal of the Economics of Business* 8: 19–37.

Freeman, Christopher [1982], *The Economics of Industrial Innovation*. Cambridge: MIT Press, Second edition.

Friedman, Milton, and Anna Schwartz [1963], *A Monetary History of the United States, 1867–1960*. Princeton: Princeton University Press.

Galbraith, Jay [1973], *Designing Complex Organizations*. Reading, MA: Addison-Wesley. (梅津祐良訳 [1980]『横断組織の設計――マトリックス組織の調整機能と効果的運用』ダイヤモンド社)

Galbraith, John Kenneth [1967], *The New Industrial State*. Boston, MA: Houghton-Mifflin. (都留重人監訳 [1968]『新しい産業国家』河出書房新社)

Garud, Raghu and Arun Kumaraswamy [1995], "Technological and Organizational Designs for Realizing Economies of Substitution," *Strategic Management Journal* 16: 93-109 (Summer special issue).

Gifford, Adam [1991], "A Constitutional Interpretation of the Firm," *Public Choice* 68: 91-106.

Gladwell, Malcolm [2001], "Clicks & Mortar," in Henry Finder, ed., *The Price of Everything: An Anthology of Business*, New York: The New Yorker.

Glasmeier, Amy [1991], "Technological Discontinuities and Flexible Production Networks: The Case of Switzerland and the World Watch Industry," *Research Policy* 20: 469-485.

Gould, Stephen Jay [1977], *Ever Since Darwin*. New York: Norton. (浦本昌紀・寺田鴻訳 [1984] 『ダーウィン以来――進化論への招待』早川書房)

Hamel, Gary and C. K. Prahalad [1994], *Competing for the Future*. Cambridge: Harvard Business School Press. (一條和生訳 [1995] 『コア・コンピタンス経営――大競争時代を勝ち抜く戦略』日本経済新聞社)

Hart, Oliver D. [1989], "An Economist's Perspective on the Theory of the Firm," *Columbia Law Review* 89(7): 1757-1774. (飯野春樹監訳 [1997] 『現代組織論とバーナード』文眞堂, に所収)

Hayek, F. A. [1945], "The Use of Knowledge in Society," *American Economic Review* 35 (4): 519-530. (田中真晴・田中秀夫編訳 [1986] 『市場・知識・自由――自由主義の経済思想』ミネルヴァ書房, に所収。)

Hayek, F. A. [1967], "Kinds of Rationalism," *Studies in Philosophy, Politics and Economics*, London: Routledge and Kegan Paul.

Helpman, Elhanan, ed. [1998], *General Purpose Technologies and Economic Growth*. Cambridge, MA: MTT Press.

Helper, Susan, John Paul MacDuffie, and Charles Sabel [2000], "Pragmatic Collaborations: Advancing Knowledge While Controlling Opportunism," *Industrial and Corporate Change* 9(3): 443-488.

Hitt, Lorin M. [1999], "Information Technology and Firm Boundaries: Evidence from Panel Data," *Information Systems Research* 10: 134-149 (June).

Hoke, Donald [1989], "Product Design and Cost Considerations: Clock, Watch, and Typewriter Manufacturing in the 19th Century," *Business and Economic History* 18: 119-128.

Hopp, Wallace J. and Mark L. Spearman [2000], *Factory Physics*. New York: McGraw-Hill, Second edition.

Hounshell, David A. [1984], *From the American System to Mass Production, 1800-1932: The Development of Manufacturing Technology in the United States*. Baltimore: Johns Hopkins University Press. (和田一夫・金井光太朗・藤原道夫訳 [1998] 『アメリカン・システムから大量生産へ 1800-1932』名古屋大学出版会)

Hume, David [1978], *A Treatise on Human Nature*, edited with an analytical index by L. A. Selby-Bigge, Oxford: Clarendon Press, Second edition (First published 1739-40). (太田善男訳 [1933] 『人性論』岩波書店)

Jacobides Michael G. [2005], "Industry Change through Vertical Disintegration: How and Why Markets Emerged in Mortgage Banking," *Academy of Management Journal* 48(3): 465-498.

Jaffé, William [1976], "Jevons, Menger, and Walras De-homogenized," *Economic Inquiry* 14: 511-524.

Jequier, François [1991], "Employment Strategies and Production Structures in the Swiss Watchmaking Industry," in Patrice Higonnet, David Landes, and Henry Rosovsky, eds., *Favorites of Fortune*. Cambridge: Harvard University Press, pp.322-338.

Jenkins, Holman W., Jr. [1997], "Ma Bell would be so Proud of her Boys," *The Wall Street Journal*, June 3, p. A23.

Jensen, Michael C. and William H. Meckling [1976], "Theory of the Firm: Managerial Behavior, Agency Costs and Ownership Structure," *Journal of Financial Economics* 3: 305-360.

Jevons, William Stanley [1911], *The Theory of Political Economy*. Fourth edition, London: Macmillan. (小泉信三・寺尾琢磨訳 [1981] 『経済学の理論』日本経済評論社)

Johnston, Louis and Samuel H. Williamson [2002], "The Annual Real and Nominal GDP for the United States, 1789-Present," Economic History Services, April 2002, URL: http://www.eh.net/hmit/gdp/.

Joskow, Paul L. [1997], "Restructuring, Competition and Regulatory Reform in the U.S. Electricity Sector," *Journal of Economic Perspectives* 11(3): 119-138.

Joskow, Paul L. and Richard Schmalensee [1983], *Markets for Power: An Analysis of Electric Utility Deregulation*. Cambridge: MIT Press.

Kench, Brian T. [2000], *Three Essays on "Making" Markets in Electric Power*. Unpublished Ph.D. Dissertation, University of Connecticut.

Kim, Sukkoo [2001], "Markets and Multiunit Firms from an American Historical Perspective," *Advances in Strategic Management* 18.

Kirzner, Israel M. [1979], *Perception, Opportunity, and Profit*. Chicago: University of Chicago Press.

Klein, Benjamin, Robert G. Crawford, and Armen Alchian [1978], "Vertical Integration, Appropriable Rents, and the Competitive Contracting Process," *Journal of Law and Economics* 21(2) 297-326.

Klein, Benjamin and Keith Leffler [1981], "The Role of Market Forces in Assuring Contractual Performance," *Journal of Political Economy* 89: 615-641.

Klein, Burton H. [1977], *Dynamic Economics*. Cambridge: Harvard University Press.

Knight, Frank H. [1921], *Risk, Uncertainty, and Profit*. Boston: Houghton-Mifflin. (奥隅栄

喜訳［1959］『危険・不確実性および利潤』文雅堂）
Knudsen, Christian [1995], "The Competence View of the Firm: What Can Modern Economists Learn from Philip Selznick's Sociological Theory of Leadership?" in W. Richard Scott and Søren Christensen, eds., *The Institutional Construction of Organizations*. Thousand Oaks: Sage Publications.
Krugman, Paul [1991], *Geography and Trade*. Cambridge, Mass.: MIT Press. （北村行伸・高橋亘・妹尾美起訳［1994］『脱「国境」の経済学——産業立地と貿易の新理論』東洋経済新報社）
Kolko, Gabriel [1963], *The Triumph of Conservatism*. New York: Macmillan.
Lacey, Marc [2000], "Fifteen Awarded Highest Civilian Honor," *The New York Times*, August 10, p. A12.
Lamoreaux, Naomi R. [1986], "Banks, Kinship, and Economic Development: The New England Case," *Journal of Economic History* 46(3): 647–667.
Lamoreaux, Naomi R., Daniel M. G. Raff, and Peter Temin [2003], "Beyond Markets and Hierarchies: Toward a New Synthesis of American Business History," *American Historical Review* 108: 404–433 (April).
Landes, David S. [1983], *Revolution in Time*. Cambridge: The Belknap Press of Harvard University Press.
Langlois, Richard N. [1984], "Internal Organization in a Dynamic Context: Some Theoretical Considerations," in M. Jussawalla and H. Ebenfield, eds., *Communication and Information Economics: New Perspectives*. Amsterdam: North-Holland, pp.23–49.
Langlois, Richard N. [1986], "Rationality, Institutions, and Explanation," in R. N. Langlois, ed., *Economics as a Process: Essays in the New Institutional Economics*. New York: Cambridge University Press.
Langlois, Richard N. [1988], "Economic Change and the Boundaries of the Firm," *Journal of Institutional and Theoretical Economics* 144(4): 635–657.
Langlois, Richard N. [1990], "Bounded Rationality and Behavioralism: A Clarification and Critique," *Journal of Institutional and Theoretical Economics* 146(4): 691–695 (December).
Langlois, Richard N. [1992], "Transaction-cost Economics in Real Time," *Industrial and Corporate Change* 1(1): 99–127.
Langlois, Richard N. [1994], Book review of *Business Organization and the Myth of the Market Economy* by William Lazonick, *Journal of Economic Behavior and Organization* 23(2): 244–250 (March).
Langlois, Richard N. [1995], "Do Firms Plan?" *Constitutional Political Economy* 6(3): 247–261.
Langlois, Richard N. [1998], "Rule-following, Expertise, and Rationality: A New Behavioral Economics?" in Kenneth Dennis, ed., *Rationality in Economics: Alternative Perspectives*.

Dordrecht: Kluwer Academic Publishers, pp.57-80.

Langlois, Richard N. [1999a], "The Coevolution of Technology and Organization in the Transition to the Factory System," in Paul L. Robertson, ed., *Authority and Control in Modern Industry*. London: Routledge, pp.45-72.

Langlois, Richard N. [1999b], "Scale, Scope, and the Reuse of Knowledge," in Sheila C. Dow and Peter E. Earl, eds., *Economic Organization and Economic Knowledge: Essays in Honour of Brian J. Loasby*. Aldershot: Edward Elgar, pp.239-254.

Langlois, Richard N. [2001], "Knowledge, Consumption, and Endogenous Growth," *Journal of Evolutionary Economics* 11(1): 77-93 (January).

Langlois, Richard N. [2002a], "Digital Technology and Economic Growth: the History of Semiconductors and Computers," in Benn Steil, David Victor, and Richard R. Nelson, eds., *Technological Innovation and Economic Performance*. Princeton: Princeton University Press for the Council on Foreign Relations, pp.265-284.

Langlois, Richard N. [2002b], "Modularity in Technology and Organization," *Journal of Economic Behavior and Organization* 49(1): 19-37.

Langlois, Richard N. [2005], "The Entrepreneurial Theory of the Firm and the Theory of the Entrepreneurial Firm," Working Paper 2005-27, Department of Economics, University of Connecticut, To appear in the *Journal of Management Studies*.

Langlois, Richard N. and Metin M Coşgel [1993], "Frank Knight on Risk, Uncertainty, and the Firm: A New Interpretation," *Economic Inquiry* 31: 456-465 (July).

Langlois, Richard N. and Nicolai J. Foss [1999], "Capabilities and Governance: The Rebirth of Production in the Theory of Economic Organisation," *Kyklos* 52(2): 201-218.

Langlois, Richard N. and Paul L. Robertson [1989], "Explaining Vertical Integration: Lessons from the American Automobile Industry," *Journal of Economic History* 49(2): 361-375.

Langlois, Richard N. and Paul L. Robertson [1992], "Networks and Innovation in a Modular System: Lessons from the Microcomputer and Stereo Component Industries," *Research Policy* 21(4): 297-313.

Langlois, Richard N. and Paul L. Robertson [1995], *Firms, Markets, and Economic Change: A Dynamic Theory of Business Institutions*. London: Routledge. (谷口和弘訳 [2004]『企業制度の理論――ケイパビリティ・取引費用・組織境界』NTT 出版)

Langlois, Richard N. and Deborah A. Savage [2001], "Standards, Modularity, and Innovation: The Case of Medical Practice," in Raghu Garud and Peter Karnøe, eds., *Path Dependence and Path Creation*. Hillsdale: Lawrence Erlbaum, pp.149-168.

Langlois, Richard N. and W. Edward Steinmueller [1999], "The Evolution of Competitive Advantage in the Worldwide Semiconductor Industry, 1947-1996," in David C. Mowery and Richard R. Nelson, eds., *The Sources of Industrial Leadership*. New York:

Cambridge University Press, pp.19-78.
Lazonick, William [1991], *Business Organization and the Myth of the Market Economy*. New York: Cambridge University Press.
Lazonick, William [2005], "Evolution of the New Economy Business Model," *Business and Economic History Online* 3.
Lazonick, William and Jonathan West [1995], "Organizational Integration and Competitive Advantage: Explaining Strategy and Performance in American Industry," *Industrial and Corporate Change* 4(1): 229-270.
Lebergott, Stanley [1984], *The Americans: An Economic Record*. New York: Norton.
Leijonhufvud, Axel [1986],"Capitalism and the Factory System," in R. N. Langlois, ed., *Economics as a Process: Essays in the New Institutional Economics*. New York: Cambridge University Press.
Leland, Ottilie M. and Minnie Dubbs Millbrook [1966], *Master of Precision: Henry Leland*. Detroit: Wayne State University Press.
Lenin, Vladimir Ilich [1992], *The State and Revolution*. London: Penguin (First published in Russian in 1918). (角田安正訳 [2001]『国家と革命』筑摩書房)
Levenstein, Margaret [1995], "Mass Production Conquers the Pool: Firm Organization and the Nature of Competition in the Nineteenth Century," *Journal of Economic History* 55(3): 575-611.
Levinthal, Daniel A. [1992], "Surviving Schumpeterian Environments," *Industrial and Corporate Change* 1(3): 427-443.
Levinthal, Daniel A. and James March [1993], "The Myopia of Learning," *Strategic Management Journal* 14: 95-112.
Libecap, Gary [1992], "The Rise of the Chicago Packers and the Origins of Meat Inspection and Antitrust," *Economic Inquiry* 30(2): 242-262 (April).
Loasby, Brian J. [1991], *Equilibrium and Evolution: An Exploration of Connecting Principles in Economics*. Manchester: Manchester University Press.
Loasby, Brian J. [1993], Book Review of *Business Organization and the Myth of the Market Economy* by William Lazonick, *The Economic Journal* 103: 247-249 (January).
Loasby, Brian J. [2001], "Organisations as Interpretative Systems," *Revue d'Économie Industrielle* 97(4): 17-34.
Loasby, Brian J. [2004], "Entrepreneurship, Evolution and the Human Mind," paper presented at the tenth meeting of the International Joseph A. Schumpeter Society, June 9-12, Università Bocconi, Milan.
Machlup, Fritz [1951], "Schumpeter's Economic Methodology," *Review of Economics and Statistics* 33(2): 145-151.
Maiilat, Denis, Bruno Lecoq, Florian Nemeti, and Marc Pfister [1995], "Technology District and Innovation: The Case of the Swiss Jura Arc," *Regional Studies* 29(3): 251-

263 (June).
Malone, Thomas W. and Robert J. Laubacher [1998], "The Dawn of the E-Lance Economy," *Harvard Business Review*, September-October, pp.145-152.
Malone, Thomas W., JoAnne Yates, and Robert I. Benjamin [1987], "Electronic Markets and Electronic Hierarchies," *Communications of the ACM* 30: 484-497 (June). (石川千秋監訳 [2000] 『電網新世紀――インターネットの新しい未来』パーソナルメディア, に所収)
Mandeville, Bernard [1924], *The Fable of the Bees or Private Vices, Publick Benefits*. Two Volumes. With a Commentary Critical, Historical, and Explanatory by F. B. Kaye, Oxford: Clarendon Press (First published in 1732). (泉谷治訳 [1985] 『蜂の寓話――私悪すなわち公益』法政大学出版会)
Marglin, Stephen A. [1974], "What Do Bosses Do?" *Review of Radical Political Economy* 6: 33-60 (Summer). (青木昌彦編 [1973] 『ラディカル・エコノミックス――ヒエラルキーの経済学』中央公論社, に所収)
Marshall, Alfred [1919], *Industry and Trade: A study of Industrial Technique and Business Organization, and Their Influences on the Conditions of Various Classes and Nations*. London: Macmillan. (佐原貴臣訳 [1923] 『産業貿易論』東京寶文館)
Marshall, Alfred [1961], *Principles of Economics*, Vol. I. London: Macmillan. Ninth edition (variorum) (First edition 1890). (馬場敬之助訳 [1965] 『マーシャル経済学原理』東洋経済新報社)
Maurer, Martin [1985], "Technological Retardation. The Decline of the Swiss Watch Industry," *Zeitschrift für Wirtschafts und Sozialwissenschaften* 105(6): 661-682.
McCraw, Thomas K. [1988], "Introduction: The Intellectual Odyssey of Alfred D. Chandler, Jr.," in Thomas K. McCraw, ed., *The Essential Alfred Chandler: Essays toward a Historical Theory of Big Business*. Cambridge: Harvard Business School Press, pp.1-21.
McLean, John and Robert Haigh [1954], *The Growth of Integrated Oil Companies*. Boston: Division of Research, Graduate School of Business Administration, Harvard University.
Metcalfe, J. Stanley and Richard R. Nelson [2006], "Technology, Organization, and Institutions in Cardiology: Extending the Scope of 'Activity Analysis,'" Paper presented at the American Economic Association Annual Meeting, January 7, Boston.
Mulligan, James G. [1983], "The Economies of Masses Reserves," *American Economic Review* 73(4): 725-734 (September).
Nelson, Richard R. [1977], *The Moon and the Ghetto*. New York: Norton.
Nelson, Richard R. and Bhaven Sampat [2001], "Making Sense of Institutions as a Factor Shaping Economic Performance," *Journal of Economic Behavior and Organization* 44: 31-54.
Nelson, Richard R. and Sidney G. Winter [1977], "In Search of Useful Theory of

Innovation," *Research Policy* 5: 36-76.
Nelson, Richard R. and Sidney G. Winter [1982], *An Evolutionary Theory of Economic Change*. Cambridge: Harvard University Press. (後藤晃・角南篤・田中辰雄訳 [2007]『経済変動の進化理論』慶應義塾大学出版会)
Nooteboom, Bart [2003], "Elements of a Cognitive Theory of the Firm," Working Paper, Tilburg University, The Netherlands.
North, Douglass C. [1981], *Structure and Change in Economic History*. New York: Norton. (中島正人訳 [1989]『文明史の経済学――財産権・国家・イデオロギー』春秋社)
North, Douglass C. [1990], *Institutions, Institutional Change and Economic Performance*. New York: Cambridge University Press. (竹下公視訳 [1994]『制度・制度変化・経済成果』晃洋書房)
Pagano, Ugo [2000], "Public Markets, Private Orderings and Corporate Governance," *International Review of Law and Economics* 20: 453-477.
Paullin, Charles O. [1932], *Atlas of the Historical Geography of the United States*. Washington: Carnegie Institution and American Geographical Society.
Penrose, Edith T. [1959], *The Theory of the Growth of the Firm*. Oxford: Basil Blackwell. (日髙千景訳 [2010]『企業成長の理論』ダイヤモンド社)
Phillips, Almarin [1971], *Technology and Market Structure: A Study of the Aircraft Industry*. Lexington, MA: D. C. Heath.
Polanyi, Michael [1958], *Personal Knowledge*. Chicago: University of Chicago Press. (長尾史郎訳 [1985]『個人的知識――脱批判哲学をめざして』ハーベスト社)
Popper, Karl R. [1957], *The Poverty of Historicism*. London: Routledge and Kegan Paul. (久野収・市井三郎訳 [1961]『歴史主義の貧困――社会科学の方法と実践』中央公論社)
Popper, Karl R. [1966], *The Open Society and its Enemies*. Two Volumes. Princeton: Princeton University Press. (小笠原誠・内田詔夫訳 [1980]『開かれた社会とその敵』未來社)
Porter, Glenn and Harold C. Livesay [1971], *Merchants and Manufacturers: Studies in the Changing Structure of Nineteenth-Century Marketing*. Baltimore: Johns Hopkins University Press.
Porter, Michael [1980], *Competitive Strategy: Techniques for Analyzing Industries and Competitors*. New York: Free Press. (土岐坤・中辻萬治・服部照夫訳 [1995]『競争の戦略 (新訂)』ダイヤモンド社)
Prahalad, C. K. and Gary Hamel [1990], "The Core Competence of the Corporation," *Harvard Business Review*, May-June, pp.79-91. (坂本義実訳 [1990]「コア競争力の発見と開発」『ダイヤモンド・ハーバード・ビジネス』8-9月号)
Raff, Daniel M. G. and Peter Temin [1991], "Business History and Recent Economic Theory: Imperfect Information, Incentives, and the Internal Organization of Firms," in Peter Temin, ed., *Inside the Business Enterprise: Historical Perspectives on the Use of*

Information. Chicago: University of Chicago Press.

Reinstaller, A. and W. Hölzl [2004], "Complementarity Constraints and Induced Innovation: Some Evidence from the First IT Regime," in J. Foster and W. Hölzl, eds., *Applied Evolutionary Economics and Complex Systems*. Cheltenham: Edward Elgar, pp.133-154.

Richardson, G. B. [1972], "The Organization of Industry," *Economic Journal* 82: 883-896.

Richardson, G. B. [1975], "Adam Smith on Competition and Increasing Returns," in A. S. Skinner and T. Wilson, eds., *Essays on Adam Smith*. Oxford: Clarendon Press, pp.350-360.

Roberts, Paul Craig and Matthew Stephenson [1973], *Marx's Theory of Exchange, Alienation, and Crisis*. Stanford: Hoover Institution.

Roe, Mark J. [1996], "From Antitrust to Corporate Governance? The Corporation and the Law: 1959-1994," in Carl Kaysen, ed., *The American Corporation Today*. New York: Oxford University Press.

Rutherford, Malcolm [2001], "Institutional Economics: Then and Now," *Journal of Economic Perspectives* 15(3): 173-194 (Summer).

Ruttan, Vernon W., and Yujiro Hayami [1984], "Toward a Theory of Induced Institutional Change," *The Journal of Development Studies* 20(4): 203-223.

Sabel, Charles F. [1982], *Work and Politics: The Division of Labor in Industry*. New York: Cambridge University Press.

Sabel, Charles F. and Jonathan Zeitlin [1985], "Historical Alternatives to Mass Production: Politics, Markets, and Technology in Nineteenth-Century Industrialization," *Past and Present* 108: 133-176 (August).

Savage, Deborah A. [1994], "The Professions in Theory and History: The Case of Pharmacy," *Business and Economic History* 23(2): 130-160 (Winter).

Schumpeter, Joseph A. [1911], *Theorie der Wirtschaftlichen Entwicklung*. München and Leipzig: Verlag von Duncker & Humblot, First edition.

Schumpeter, Joseph A. [1920/1921], "Sozialistische Möglichkeiten von heute," *Archiv für Sozialwissenschaft und Sozialpolitik* 48: 305-360.

Schumpeter, Joseph A. [1926], *Theorie der Wirtschaftlichen Entwicklung*. München and Leipzig: Verlag von Duncker & Humblot, Second edition.

Schumpeter, Joseph A. [1928], "The Instability of Capitalism," *The Economic Journal* 38 (151): 361-386 (September).

Schumpeter, Joseph A. [1928], "Unternehmer," in L. Elster, ed., *Handwörterbuch der Staatswissenschaften*, Vol. 8. Jena: Gustav Fischer. Fourth edition, pp.476-487. Tr. Markus Becker and Thorbjørn Knudsen and reprinted in *Advances in Austrian Economics* 6: 235-266 (2003).

Schumpeter, Joseph A. [1934], *The Theory of Economic Development*. Tr. Redvers Opie.

Cambridge: Harvard University Press (New York: Oxford University Press, 1961). Translation based on Schumpeter (1926). (塩野谷祐一・中山伊知郎・東畑精一訳 [1977]『経済発展の理論――企業者利潤・資本・信用・利子および景気の回転に関する一研究』岩波書店)

Schumpeter, Joseph A. [1939], *Business Cycles*. Two volumes. New York: McGraw-Hill. (金融経済研究所訳 [1958-1964]『景気循環論――資本主義過程の理論的・歴史的・統計的分析(1)-(5)』有斐閣)

Schumpeter, Joseph A. [1947], "The Creative Response in Economic History," *Journal of Economic History* 7(2): 149-159.

Schumpeter, Joseph A. [1950], *Capitalism, Socialism, and Democracy*. New York: Harper and Brothers (Harper Colophon edition, 1976 Third edition). (中山伊知郎・東畑精一訳 [1995]『資本主義・社会主義・民主主義』東洋経済新報社)

Schumpeter, Joseph A. [1951], "Economic Theory and Entrepreneurial History," in R. V. Clemence, ed., *Essays on Economic Topics of Joseph Schumpeter*. Port Washington, NY: Kennikat Press.

Schumpeter, Joseph A. [1954], *History of Economic Analysis*. New York: Oxford University Press. (東畑精一・福岡正夫訳 [2005-2006]『経済分析の歴史 (上) (中) (下)』岩波書店)

Schumpeter, Joseph A. [1982], "The 'Crisis' in Economics – Fifty Years Ago." *Journal of Economic Literature* 20(2): 1049-1059. (Manuscript thought to have been written in 1931.)

Scott, William G. [1992], *Chester I Barnard and the Guardians of the Managerial State*. Lawrence: University Press of Kansas.

Scranton, Philip [1997], *Endless Novelty: Specialty Production and American Industrialization, 1865-1925*. Princeton: Princeton University Press.

Selznick, Philip [1957], *Leadership in Administration: A Sociological Interpretation*. Evanston: Row, Peterson. (北野利信訳 [1963]『組織とリーダーシップ』ダイヤモンド社)

Shackle, G. L. S. [1972], *Epistemics and Economics*. Cambridge: Cambridge University Press.

Shane, Scott and S. Venkataraman [2000], "The Promise of Entrepreneurship as a Field of Research," *Academy of Management Review* 25(1): 217-226.

Shleifer, Andrei and Robert W. Vishny [1991], "Takeovers in the '60s and '80s: Evidence and Implications," *Strategic Management Journal* 12: 51-59.

Silver, Morris [1984], *Enterprise and the Scope of the Firm*. London: Martin Robertson.

Simon, Herbert A. [1960], "The Corporation: Will It Be Managed by Machines?" in M. L. Anshen and G. L. Bach, eds. [1985], *Management and the Corporations, 1985*. New York: McGraw-Hill, pp.17-55. (名東孝二訳 [1963]『20年後の会社と経営』日本生産

性本部,に所収)

Simon, Herbert A. [1962], "The Architecture of Complexity," *Proceedings of the American Philosophical Society* 106: 467-482, repinted in *idem, The Sciences of the Artificial*. Cambridge: MIT Press, 1981, Second edition. (稲葉元吉・吉原英樹訳 [1999]『システムの科学』パーソナルメディア,に所収)

Smith, Adam [1976], *An Enquiry into the Nature and Causes of the Wealth of Nations*. Glasgow edition. Oxford: Clarendon Press (First published in 1776). (山岡洋一訳 [2007]『国富論——国の豊かさの本質と原因についての研究 (上) (下)』日本経済新聞出版社)

Solow, Robert [1957], "Technical Change and the Aggregate Production Function," *Review of Economics and Statistics* 39(3): 312-320.

Stinchcombe, Arthur L. [1990], *Information and Organizations*. Berkeley: University of California Press.

Stigler, George J. [1951], "The Division of Labor Is Limited by the Extent of the Market," *Journal of Political Economy* 59(3): 185-193. (神谷傳造・余語将尊訳 [1975]『産業組織論』東洋経済新報社,に所収)

Stigler, George J. [1971], "The Theory of Economic Regulation," *Bell Journal of Economics and Management Science* 2(1): 3-21.

Streissler, Erich [1972], "To What Extent Was the Austrian School Marginalist?" *History of Political Economy* 4(2): 426-441.

Sturgeon, Timothy J. [2002], "Modular Production Networks. A New American Model of Industrial Organization," *Industrial and Corporate Change* 11(3): 451-496.

Supple, Barry [1991], "Scale and Scope: Alfred Chandler and the Dynamics of Industrial Capitalism," *Economic History Review* 44: 500-514.

Sutton, John [1991], *Sunk Costs and Market Structure: Price Competition, Advertising, and the Evolution of Concentration*. Cambridge: MIT Press.

Swedberg, Richard [1991], *Schumpeter: A Biography*. Princeton: Princeton University Press.

Taylor, William [1993], "Message and Muscle: an Interview with Swatch Titan Nicolas Hayek," *Harvard Business Review* 71: 98-103 (March/April).

Tedeschi, Bob [2000], "A Nobel Prize-winning Idea, Conceived in the 30's, is a Guide for Net Business," *The New York Times*, October 2, p. C12.

Teece, David J. [1980], "Economies of Scope and the Scope of the Enterprise," *Journal of Economic Behavior and Organization* 1(3): 223-247.

Teece, David J. [1982], "Towards an Economic Theory of the Multiproduct Firm," *Journal of Economic Behavior and Organization* 3(1): 39-63.

Teece, David J. [1986], "Profiting from Technological Innovation: Implications for Integration, Collaboration, Licensing, and Public Policy," *Research Policy* 15: 285-305.

Teece, David J., Gary Pisano, and Amy Shuen [1997], "Dynamic Capabilities and Strategic Management," *Strategic Management Journal* 18(7): 509–533 (August).
Temin, Peter [1980], "Modes of Behavior," *Journal of Economic Behavior and Organization* 1(2): 175–195.
Temin, Peter, with Louis Galambos [1987], *The Fall of the Bell System*. New York: Cambridge University Press.
Thompson, James D. [1967], *Organizations in Action*. New York: McGraw-Hill.（高宮晋監訳［1987］『オーガニゼーション イン アクション──管理理論の社会科学的基礎』同文舘出版）
Tushman, Michael L. and Philip Anderson [1986], "Technological Discontinuities and Organizational Environments," *Administrative Science Quarterly* 31: 439–465.
Vanberg, Viktor [1992], "Organizations as Constitutional Systems," *Constitutional Political Economy* 3(2): 223–253 (Summer).
Varian, Hal [2002], "A New Economy with no New Economics," *The New York Times*, January 17, online edition
Veblen, Thorstein [1921], *The Engineers and the Price System*. New York: Viking.（小原敬士訳［1962］『技術者と価格体制』未來社）
Vietor, Richard H. K. [1994], *Contrived Competition*. Cambridge: Harvard University Press.
Weber, Max [1947], *The Theory of Social and Economic Organization*. Tr. A. M. Henderson and Talcott Parsons, ed., Talcott Parsons, New York: Oxford University Press.
Wernerfelt, Birger [1984], "A Resource-based View of the Firm," *Strategic Management Journal* 5: 171–180.
Williamson, Jeffrey G. [1974], *Late Nineteenth Century American Development: A General Equilibrium History*. New York: Cambridge University Press.
Williamson, Oliver E. [1975], *Markets and Hierarchies: Analysis and Antitrust Implications*. New York: The Free Press.（浅沼萬里・岩崎晃訳［1980］『市場と企業組織』日本評論社）
Williamson, Oliver E. [1985], *The Economic Institutions of Capitalism*. New York: The Free Press.
Winter, Sidney G. [1988], "On Coase, Competence, and the Corporation," *Journal of Law, Economics, and Organization* 4(1): 163–180 (Spring).
Witt, Ulrich [1998], "Imagination and Leadership: The Neglected Dimension of an Evolutionary Theory of the Firm," *Journal of Economic Behavior and Organization* 35: 161–177.
Yates, JoAnne [1989], *Control through Communication: The Rise of System in American Manufacture*. Baltimore: Johns Hopkins University Press.
Yates, JoAnne [2000], "Business Use of Information and Technology during the Industrial

Age," in Alfred D. Chandler, Jr. and James W. Cortada, eds., *A Nation Transformed by Information: How Information Has Shaped the United States from Colonial Times to the Present*. New York: Oxford University Press, pp.107–135.

Young, Allyn A. [1928], "Increasing Returns and Economic Progress," *The Economic Journal* 38: 527–542.

Zehnder, Dominik E. D. [1994], "Nicolas G. Hayek," Harvard Business School Case 9-495-05.

索　引

人名索引

Alphabet
LRT：ラムロウ，ラフ，テミン　　21, 139, 147–151

ア行
アルチアン（A. Alchian）　20
アロウ（K. J. Arrow）　51
ヴァリアン（H. Varian）　144
ヴィット（U. Witt）　73
ウィリアムソン（O. E. Williamson）　20, 76, 151, 152
ウィンター（S. Winter）　22, 23, 97
ヴェーバー（M. Weber）　29, 37, 63, 65, 67–69, 72, 81, 97
ヴェブレン（T. Veblen）　3, 126
エンゲルス（F. Engels）　28

カ行
ガルブレイス（J. K. Galbraith）　36, 39, 126
クライン（B. Klein）　44
クリントン（B. Clinton）　36
クルーグマン（P. Krugman）　148, 149
クロジェ（M. Crozier）　96
ケインズ（J. M. Keynes）　39, 40
ケニー（M. Kenney）　v

コース（R. Coase）　x, 18–23, 76, 77, 144, 149
コールマン（J. Coleman）　37, 72

サ行
サイモン（H. Simon）　56, 103, 121
酒向真理　ix, xi
サミュエルソン（P. A. Samuelson）　51
ジェボンズ（W. S. Jevons）　10, 50
ジャコビーデス（M. Jacobides）　v
シャックル（G. L. S. Shackle）　49, 52
シュンペーター（J. Schumpeter）　vii, 5, 6, 12–17, 22, 30–61, 63, 65–73, 81, 92, 98, 122, 123
スタージョン（T. Sturgeon）　vi, 134
スティンチコム（A. Stinchcombe）　102
スミス（A. Smith）　7, 51, 58, 79, 130, 143, 150
セルズニック（P. Selznick）　75

タ行
チャンドラー（A. Chandler）　vii, ix, 6, 11, 14–16, 26, 30–32, 35, 37, 38, 66, 70–73, 81, 91, 95, 101, 110–113, 116, 117, 120–124, 132, 133, 137, 143, 146, 150, 155

ティース（D. Teece）　22
デカルト（R. Descartes）　34
テミン（P. Temin）　21, 96, 114, 139, 147–151
デル（M. Dell）　xi, 139
トンプソン（J. Thompson）　102

ナ行

ナイト（F. Knight）　19, 20, 22, 76
ネルソン（R. Nelson）　v, 11, 22, 23, 43, 97
ノース（D. North）　7

ハ行

パーソンズ（T. Parsons）　31, 69
ハート（O. Hart）　77
バーナード（C. Barnard）　73, 74
バーリ（A. Berle）　3, 4, 59, 60
ハイエク（F. Hayek）　33, 97
ハイエク（N. Hayek）　90, 93, 98
ハメル（G. Hamel）　97
ヒューム（D. Hume）　54
フォス（N. Foss）　v, 19
プラハラード（C. K. Prahalad）　97
フリーマン（C. Freeman）　42
フルーエン（M. Fruin）　v
ヘルパー（S. Helper）　ix–xi
ペンローズ（E. Penrose）　22, 23, 121, 132
ポーター（M. Porter）　133
ポパー（K. Popper）　11, 33

マ行

マーシャル（A. Marshall）　8–11, 23, 51
マーチ（J. March）　103
マッゴーワン（W. McGowan）　131
マハループ（F. Machlup）　51
マルクス（K. H. Marx）　28, 43, 60, 61
ミーゼス（L. von Mises）　69
ミーンズ（G. Means）　3, 4, 59, 60
メンガー（C. Menger）　50, 51

ラ行

ラゾニック（W. Lazonick）　69, 71, 93, 126
ラフ（D. Raff）　v, 21, 114, 139, 147–151
ラモロウ（N. Lamoreaux）　v, 21, 108, 139, 147–151
ラングロワ（R. N. Langlois）　ix
ランデス（D. Landes）　78
リカード（D. Ricardo）　9
リチャードソン（G. Richardson）　v, 22–24
レーニン（V. Lenin）　18
レビンタール（D. Levinthal）　103
ロウ（M. Roe）　129
ローズビー（B. Loasby）　xi, 24, 54
ロバートソン（P. Robertson）　vi, xi, 25, 142

ワ行

ワルラス（L. Walras）　49, 50

事項索引

Alphabet

AT&T　131
Capitalism, Socialism, and Democracy
　　5, 33, 41, 42, 45–47
CRO: Contract Research Organization
　　136
EM: Electronics Manufacturing Service
　　136
FNMA: Federal National Mortgage
　　Association　141
GE: General Electric　134
GM: General Motors　134
IBM　15, 134
ITT　132
LBO　133
M型組織 → 事業部制,モジュールも見よ
　　11, 121, 133
Scale and Scope　vii, 6, 137
SMH → スイス・マイクロエレクトロニ
　　クス時計総連合も見よ　90, 91, 93,
　　94
The Theory of Economic Development
　　32, 42, 45
The Visible Hand　vii, 6, 16, 26, 82
UPS　xi

あ

アーマー　120
アウトソーシング　85, 135
アマゾン・ドット・コム　130
アメリカン・システム　82, 83, 87
アンバンドリング　4, 131, 132
暗黙知　24, 52, 60

い

一般的専門性　137
一般目的技術　137
遺伝的多様性　97
イノベーション　25, 41, 54, 58, 69, 81,
　　97, 130
インセンティブ　74
　　――の不整合　77
インターネット　144
インターフェース　103
インテル　15
イントラプレナーシップ　97

う

ヴィステオン　136
ウォルサム・ウォッチ・カンパニー
　　83, 85
埋め込み　94

え

エージェンシー
　　――費用　4, 107, 108
　　――問題　141
エルジン　85

お

凹凸のあるランドスケープ　98
オーストリア経済学　47, 48, 51
オールド・エコノミー型ビジネス・モデル
　　70

か

外部ケイパビリティ　95, 129, 139
活動　viii, ix

ガバナンス構造　20, 101
株式会社　3-6, 9, 13-18, 60, 111, 112, 116, 119, 121, 123, 127, 129, 131-134, 142
　大規模——　3, 4, 6, 7, 9, 11-16, 36, 40, 42-44, 46, 112, 113, 116, 119, 121, 122, 129, 142-144, 155
カリスマ
　——的支配　29, 30, 37, 38, 63-65, 72, 73, 75, 98
　——的リーダーシップ　65, 66, 71, 93
カルテル　12, 86, 89, 91, 110
カルバン主義　78
関係的形態　150
緩衝の緊急度　154
官僚
　——制　30, 38, 67, 68, 73, 96, 146
　——制組織　60, 63, 71, 72, 94, 96
　——的支配　30, 32, 64

き
消えゆく手　vii, viii, 27, 121, 143, 146, 155
　——仮説　154, 155
機会主義　151
企業　vii, 7, 12, 16-19, 21, 23-28, 36, 66, 70, 71, 76, 81, 83, 85, 87-89, 92-95, 97, 98, 107, 111, 112, 115, 119-121, 125-127, 132-136, 140, 144, 145, 149, 153-155
　——境界　ix, 97, 155
　——制度　14, 25
　——文化　74
　所有者経営型中小——　3, 4, 16, 35
　チャンドラー的——　x, 15, 147, 139, 142, 150, 153, 155
　複数単位型——　14, 17, 26-28, 147

企業家　35, 36, 40, 42, 45-49, 52-56, 59, 63, 65-67, 71, 73, 81, 98, 131, 139
　——資本主義　67, 69
　——精神　35, 37, 40, 45-48, 52, 54, 55, 57, 61, 63, 65, 73, 81, 91, 93, 95-99
　——の陳腐化　36, 37, 71
技術と組織の共進化　147
規制　125, 126
規模の経済　113, 120
共進化　11

く
グスタバス・スウィフト　xi, 113, 136, 142
クライスラー　136

け
経営　4, 16, 18, 66, 83, 92, 103, 111, 119, 123, 132, 142, 154
　——コーディネーション　viii, ix, 15, 17, 19, 20, 27, 28
経営者
　——革命　14, 104, 122, 146, 155
　——資本主義　17, 20, 21, 28, 38, 66, 118, 121, 135
　所有——　107
　ゼネラリスト型——　112
　専門——　vii, 15, 71, 113, 116, 119, 143, 144
　俸給——　3, 15, 72, 131
計画化　58, 71, 76, 93, 127
経験主義論　52, 56, 58
経済
　——社会学　28
　——成長　6, 7, 9-15, 22, 24, 25, 36, 53, 54, 71, 143, 156
　規模の——　109, 113, 114, 117, 120
　範囲の——　117, 120

索引 189

経済学
　オーストリア――（学派）　47, 48, 51
　古典派――　9, 58
　新古典派――　4, 6, 10, 51, 52, 76
　組織――　19–21, 24, 70, 73, 76, 93, 119, 150
　取引費用――　101
ケイパビリティ　22–27, 32, 38, 70, 71, 77, 78, 83, 88, 90, 115, 117, 120, 121, 132, 134, 137, 139, 140, 152, 153
　外部――　95, 129, 139
　進化――　22, 32, 37
　組織――　70, 71, 93, 97, 119, 121
　ダイナミック・――　22
　内部――　27, 129, 139
契約の不完備性　77
経路依存性　115
限界革命　10, 50
権限　30
限定合理性　57, 58

こ

コア・コンピタンス　133
後期シュンペーター　→　シュンペーターⅡ　も見よ　40–44
工場生産　109
構成主義　34
合理化　28–30, 32, 34, 37, 48, 65, 67, 81
　――の進展　17, 38, 46, 66, 68
合理主義論　52, 57, 58
合理性　29, 32, 33, 57
合理的支配　64, 68
コーディネーション　24, 71, 105, 109
　――技術　144–147, 155
　――問題　156
個人資本主義　63, 66
古典派経済学　9, 58
コビシント　136

コングロマリット　132, 133
コンスティテューション（基本枠組）　72–75, 77
　――論　75

さ

最終的に市場は生成する　153
残余　10
　――コントロール権　77

し

事業部制　→　M型組織, モジュールも見よ　110
資源ベース論　22
資産特殊性　114
市場　xi, 3, 4, 8, 13, 16–21, 23, 27, 28, 41, 42, 77, 80, 84, 87, 91, 92, 95, 98, 104–110, 112–114, 120, 121, 123, 125–127, 130, 131, 135, 136, 138–146, 148, 151–156
　――コーディネーション　17, 27, 28
　――支援型制度　27, 152, 153
　――資本主義　17
　――の厚み　x, 129, 153–155
システム的イノベーション（変化）　25, 27
自然独占　126, 130
シチズン　89
支配　4, 29
　カリスマ的――　29, 30, 37, 38, 63–65, 72, 73, 75, 98
　伝統的――　29, 30, 32, 64, 65, 68, 69
資本主義　28, 40, 48, 58, 60, 61, 69, 98
　経営者――　17, 20, 21, 28, 38, 66, 118, 121, 135
　個人――　63, 66
　市場――　17
社会主義　48, 58–61

社会的技術　11, 147
熟練の解体　118
ジュラ山脈　79-82
シュンペーター　→　人名索引を見よ
　——Ⅰ・Ⅱ　42, 49
　——・チャンドラー命題　7, 11, 17
　——のアイロニー　57, 61
　——の緊張　49, 57, 61
　後期——　→　シュンペーターⅡも見よ
　　40-45, 56
　初期——　→　シュンペーターⅠも見よ
　　40-44, 46
　ネオ・——　37, 49
条件依存的なアプローチ　20
条件依存理論　17, 18, 21, 28
所有
　——経営者　107
　——者経営型中小企業　3, 4, 16, 35
　——と経営の分離　3, 4, 112
自律的イノベーション　25
進化
　——ケイパビリティ論　22, 32, 37
　——デザイン問題　22, 101
新古典派経済学　4, 6, 10, 51, 52, 76
進歩の機械化　60

す

スイス・マイクロエレクトロニクス・時計総連合（SMH）　90, 91, 93, 94
スイス時計産業　80, 81, 86, 91, 93, 153
垂直統合　vii, ix, 101, 113-115, 123, 131, 135, 144, 145, 151
垂直分解　viii, 79, 135, 146, 147
スウィフト　120
スウォッチ　90
スカンクワーク　97
スタンダード　138-141
スピンオフ　97

スポット取引　18
スミス的分業プロセス　146, 155

せ

セイコー　89
制度　4, 7, 9, 11, 17, 20, 26, 34, 107, 131, 138, 140
　——変化　48, 131
世界の脱魔術化　29
ゼネラリスト型商人　105, 106, 121
専門経営者　vii, 15, 71, 113, 116, 119, 143, 144

そ

創造的破壊　26, 71, 123
組織　6, 8, 9, 11, 16, 22-30, 34-36, 47, 63, 69, 71-76, 93-98, 101, 102, 104, 116, 117, 122, 126, 129, 131, 134, 135, 141, 146, 147, 151, 156
　——学習　22
　——経済学　19, 21, 24, 73, 76, 150
　——ケイパビリティ　70, 71, 93, 97, 119-121
　——配置　x
　——変化　7, 8, 10, 22, 96, 131, 132, 155

た

ターンアラウンド　91
大企業　149
大規模株式会社　3, 4
ダイナミック・ケイパビリティ　22
多角化　120

ち

知識　23, 52
チャンドラー的企業　vi, 15, 139, 142, 147, 150, 153, 155

て

陳腐化命題　40, 41, 46

デル　ix, x, 142
デルファイ　136
伝統的支配　29, 32, 64, 68

と

ドイツ歴史学派　47
動学
　――的ガバナンス費用　26
　――的取引費用　26, 113–115
独占　12, 16
トラスト　12, 48
取引費用　14, 19–21, 23, 25, 26, 108, 142–144, 147–150
　――経済学　101
　――問題　123, 125
　動学的――　26, 113–115
トレンド　143

な

内部ケイパビリティ　27, 129, 139

に

ニュー・エコノミー　viii, x, 15, 27, 36, 70, 104, 135, 144
　――型ビジネス・モデル　70
ニュージャージー・ベル　74
認識論　49, 52, 53, 56
認知的リーダーシップ　73

は

はじめから市場は存在した　152
バリュー・チェーン　viii, 105, 108, 110
範囲の経済　117, 120

ひ

東インド会社　9
非差別化製品　148, 151, 152
ビジョン　93, 98
非対称情報の問題　107
標準化製品　147

ふ

ファニーメイ（FNMA）　141
フェデックス　xi
フォーディズム　118, 135
不確実性　19, 20, 22, 102, 103, 108, 117, 155
　――の緩衝　102, 117, 137, 138
複数単位　vii, ix, x, 16, 109, 125, 143
　――型企業　14, 17, 26–28, 147
ブランド　124, 125, 136
プリンシパル・エージェント問題　72, 85
分業　8, 69, 78, 79, 82, 104, 106, 109, 111, 113, 117, 143

へ

ベル・システム　74

ほ

法則　143
俸給経営者　3, 15, 72, 131
ホールドアップ問題　114, 115, 151

ま

マーシャル的産業地域　80, 82, 91, 94, 95
マイクロソフト　15
マス・カスタマイゼーション　139
マルクス主義　→　人名索引も見よ　51
マンパワー　134

み

みえざる手　vii
みえる手　vii, 141

も

モーゲージローン　141
モジュール → M型組織,事業部制も見よ
　──化　ix, 103, 136, 138, 139, 141
　──型システム　103, 138–141
持株会社　110

ゆ

ユグノー　78
ユナイテッド航空　134

り

リーダーシップ　76
　カリスマ的──　65, 66, 71, 93
　認知的──　73
リエンジニアリング　98

る

ルース・カップリング　104–106, 118
ルーティン　23, 27, 36, 45, 48, 54, 75, 97

れ

歴史の終わり　143
歴史法則主義　14, 29, 32, 142, 143
レント　86, 126, 131

［著者］リチャード・N.ラングロワ（Richard Normand Langlois）
コネチカット大学（アメリカ）経済学教授，経営学特別教授，農業・資源経済学教授．
2006年度シュンペーター賞（国際シュンペーター学会）受賞．
専攻は，組織経済学，制度経済学，経済思想，経済史．
著書（編著含む）に *Alternative Theories of the Firm.* Cheltenham: Edward Elgar, Three Volumes, 2003. *Managing in the Modular Age: Architectures, Networks, and Organizations.* Oxford: Blackwell, 2003. *Firms, Markets, and Economic Change: A Dynamic Theory of Business Institutions.* London: Routledge, 1995. *Economics as a Process: Essays in the New Institutional Economics.* New York: Cambridge University Press, 1986. など．

［訳者］谷口 和弘（たにぐち　かずひろ）
慶應義塾大学商学部教授．ケンブリッジ大学ジャッジ・ビジネススクール（イギリス）アカデミック・ビジター．南開大学商学院（中国）訪問研究員．
専攻は，比較制度分析，戦略経営論，会社論，グリーン・バリュー社会．
著書に『企業の境界と組織アーキテクチャ』（NTT出版，2006年），『戦略の実学』（NTT出版，2006年），『組織の実学』（NTT出版，2008年）など．訳書にR.ラングロワ・P.ロバートソン『企業制度の理論』（NTT出版，2004年），C.ヘルファット・S.フィンケルスティーン他『ダイナミック・ケイパビリティ』（共訳，勁草書房，2010年），青木昌彦『コーポレーションの進化多様性』（NTT出版，2011年）など．

消えゆく手
——株式会社と資本主義のダイナミクス

2011年9月30日　初版第1刷発行

著　者―――リチャード・N.ラングロワ
訳　者―――谷口和弘
発行者―――坂上　弘
発行所―――慶應義塾大学出版会株式会社
　　　　　　〒108-8346　東京都港区三田2-19-30
　　　　　　TEL〔編集部〕03-3451-0931
　　　　　　　　〔営業部〕03-3451-3584〈ご注文〉
　　　　　　　　〔　〃　〕03-3451-6926
　　　　　　FAX〔営業部〕03-3451-3122
　　　　　　振替　00190-8-155497
　　　　　　http://www.keio-up.co.jp/
装　幀―――間村俊一
印刷・製本――株式会社加藤文明社
カバー印刷――株式会社太平印刷社

Ⓒ 2011 Kazuhiro Taniguchi
Printed in Japan　ISBN 978-4-7664-1875-0

慶應義塾大学出版会

セイヴィング キャピタリズム

ラグラム・ラジャン、ルイジ・ジンガレス著／堀内昭義、アブレウ聖子、有岡律子、関村正悟訳　自由な金融市場の重要性を強調しつつ、国際比較や歴史的視点を踏まえ、資本主義市場がしばしば政治的に歪められてしまう原因を明らかにした、米国のベストセラーの翻訳。　●3500円

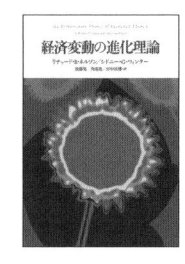

経済変動の進化理論

リチャード R. ネルソン、シドニー G. ウィンター著／後藤晃、角南篤、田中辰雄訳　20世紀後半を代表する経済学〈現代の古典〉の翻訳。「進化理論」を基に経済・社会のダイナミックな変動の解明のための理論を構築し、社会科学の新しいプラットフォームを提示する。　●5600円

企業 契約 金融構造

オリバー・ハート著／鳥居昭夫訳　契約論の〈新古典〉邦訳成る。著者が中心となって発展させてきた不完備契約論を基に、企業の境界や企業金融の構造をめぐる問題に理論的視座を与える。企業理論に関する必読の書。　●3200円

表示価格は刊行時の本体価格（税別）です。